KB167192

셰익스피어

그리고 인간

차례
Contents

윌리엄 셰익스피어

윌리엄 셰익스피어(William Shakespeare)는 1564년 런던에서 북서쪽으로 85마일 가량 떨어진 곳에 위치한 마을, 스트래포드 어폰 에이븐(Stratford-upon-Avon)에서 태어났다. 셰익스피어의 아버지는 피혁 가공업에 종사했는데 대체로 부유한 편이었으며 마을의 장로이기도 했다. 어머니 메리 아든(Mary Arden)은 대지주의 딸이었다. 셰익스피어는 부유한 환경 속에서 별 어려움 없이 자란 편이다. 그러나 그가 13세 되던 해 아버지의 사업이 기울기 시작하면서 다니던 학교를 그만 두고 장사를 해야만 했다. 때문에 셰익스피어가 받은 정규 교육은 유년 시절 그래머 스쿨(Grammar School)에서 배운 문법, 수사학, 문학 정도다. 셰익스피어는 성서와 고전에서 많은 영감을 받게 되고, 이를 바탕으로 작품을 써나간다. 특히 그는 구전으로 떠돌고 있는 이야기나 기존에 존재하는 작품들을 자신의 방식으로 구성한 후, 희곡으로 써서 무대에 올리는 데 재능이 있었다. 현재의 우리가 알고 있는 그 수많은 명작들의 원작자를 셰익스피어로 인식하고 있는 이유도 기존에 있었을 법한 소재를 다듬어 새로운 작품으로 재탄생시키는 셰익스피어의 뛰어난 능력 때문일 것이다.

셰익스피어는 18세 되던 1582년 교제 중이던 여덟 살 연상의 연인 앤 해서웨이(Anne Hathaway)와 결혼한다. 이듬해 1583년 3월에 장녀인 수잔나(Susanna)가 태어나고, 1585년에는 쌍둥이 햄닛(Hamnet)과 쥬디스(Judith)가 태어난다. 해서웨이와의 사이는 좋지 못했던 것으로 알려져 있다. 누군가에게 결혼에 대해 조언을 해주게 된 셰익스피어는 "연상의 여자와 결혼하지 말라"는 말을 남겼다는 일화도 있다고 한다. 이후 1585년에서 1592년 사이 그의 행적을 증명할 만한 서류는 발견되지 않고 있다. 학자들 사이에서는 셰익스피어와 관련해 '잃어버린 시기'라고 불리기도 한다. 다만 1590년 그가 런던에서 배우 겸 극작가로 활동했다는 기록이 존재한다. 하지만 이 기록 역시 정확하지 않다는 주장이 있는데, 당시 셰익스피어와 비슷한 이름으로 활동했던 배우들이 있었기 때문이다.

엘리자베스 1세 시대의 런던은 흥미로운 도시였다. 변화가 일어났던 시기였고 유동인구도 많았다. 하지만 갑작스레 조성된 대도시였기 때문에 위생이나 치안 면에서 문제도 많았다. 많은 인구로 북적거린 런던에는 오락거리가 필요했고, 이런 분위기를 몰아 공연문화 역시 발전할 수 있었다. 그러한 시대의 흐름 속에 셰익스피어는 약 23년 간 연극계에 종사한다. 그는 배우가 되어 무대에 서기도 했지만, 극작가로서 명성을 드날렸다. 하지만 셰익스피어는 극작가로 만족하지 않았고 제작자, 극장의 주주, 부동산업에까지 손을 대며 부를 축적해 나가기도 했다. 그는 연극 무대의 공간을 효율적으로 활용하는 것으로 정평이 나 있었다. 셰익스피어의 이런 기질을 잘 볼 수 있는 작품이 바로 『햄릿(Hamlet)』이다. 『햄릿』에서 셰익스피어가 디스커버리 스페이스(discovery space)[1]나 『로미오와 줄리엣(Romeo and Juliet)』의 발코니 장면, 심지어 마당(yard)을 이용했다는 정황도 포착되곤 한다. 셰익스피어는 총 37편의 희곡 작품과 154편의 소네트(sonnet), 그 외 서정시 등을 남겼는데, 이중에는 유실된 작품도 있는 것으로 추정된다. 셰익스피어는 1616년 52세의 나이로 사망한다. 그는 병사한 것으로 알려져 있는데, 여기에는 글로브(Globe) 극장의 연소 사건이나 아들 햄닛의 죽음 등 잇단 악재로 인해 그의 건강이 악화되었을 것이라는 설이 지배적이다.

셰익스피어는 유산 분배에 대해서도 흥미로운 일화를 남겼다. 셰익스피어는 장녀인 수잔나에게 거의 모든 재산을 물려준다. 그리고 '수잔나의 몸에서 낳은 첫 아들에게 모든 재산을 상속할 것'을 명시한다. 하지만 수잔나 부부 사이에서는 딸만 태어났다. 셰익스피어는 아내였던 해서웨이에게 끝까지 치욕적인 유언을 남기기도 했다. 현재까지 알려진 바에 의하면 그는 '부인에게 집에서 두 번째로 좋은 침대를 남긴다'라고 유언했는데,

이에 대해서는 지금까지도 많은 논란이 있다. 부부 사이가 좋지 않아 아내에게 모욕을 주기 위해 남긴 유언이라는 설과 혹시 그 침대에 뭔가 중요한 의미가 있지 않겠냐는 설이 있다. 하지만 셰익스피어가 그의 아내를 조금이라도 위하는 마음이 있었다면 '집에서 두 번째로 좋은 침대' 이외의 항목들도 함께 상속했을 것이다.

다시 그의 작품에 대해 알아보자. 그는 총 10편의 비극, 17편의 희극, 10편의 사극으로 나뉘는 희곡들, 장시들과 소네트를 남긴 것으로 알려져 있다. 이 작품들은 다시 시대별로 구분되기도 한다. 그는 대부분의 작품을 '챔벌린 극단(Lord Chamberlin's Men)'과 '킹스멘 극단(King's Men, 국왕 극단)'을 통해 발표했다.[2] 또 셰익스피어는 장르에 구애받지 않고 뛰어난 작품들을 남겼다. 셰익스피어가 동시대의 다른 작가들보다 우위에 서있는 이유가 바로 여기에 있다. 그는 탁월한 이야기꾼이었고, 이야기를 멋지게 포장해서 내놓을 줄 아는 연출가였다. 다양한 이야기를 한데 묶어 복잡하게 얽힌 사건을 만들어 내고, 갈등을 명쾌하게 해결해내는 셰익스피어의 소질은 천부적인 것이었다. 특히 그가 사용하는 언어유희는 대단한 것들이어서 단어 하나하나가 마치 음악과도 같은 탄력과 유연성을 지닌다. 그래서인지 발음하면서 읽을 때와 눈으로 읽을 때, 또 공연을 볼 때마다 각각 전혀 다른 느낌을 준다.

셰익스피어는 이전 시대의 산물, 즉 신고전주의의 전통인 삼일치 법칙을 따르지 않았다. '삼일치 법칙(The Three Unities)'[3]이란 한 작품 내에서 시간과 장소, 행동(플롯)의 일치를 보여야 한다는 신고전주의자들의 강령인데, 셰익스피어는 이러한 규칙을 지키지 않은 것이다. 셰익스피어가 의도적으로 이를 어겼다기보다는 다양하고 흥미로운 작품을 창조해내기 위해 이런 법칙을 의식하지 않은 것으로 생각된다. 때문에 셰익스피어의 작품은 숨 돌릴 틈 없이 빠르고 복잡 다양한 전개를 보이게 된다.

셰익스피어의 작품 세계

작품에 대한 시기적 분류

셰익스피어의 작품 활동 시기는 크게 4기로 나뉜다. 1기에 해당하는 1590년부터 1594년까지를 습작기, 2기에 해당하는 1595년부터 1600년까지를 성장기, 3기에 해당하는 1601년부터 1607년까지를 원숙기, 4기에 해당하는 1608년부터 1613년까지를 말기로 나눈다.

'습작기'의 셰익스피어는 사극과 희극을 주로 썼다. 이 시기는 셰익스피어가 작가로서의 인생 방향을 설정하는 시기로, 주로 역사적인 사실이나 왕족, 귀족의 이야기를 바탕으로 이야기를 창작한다. 이 시기에 만들어진 작품으로는 『헨리 6세(Henry

VI)』 3부작, 『리처드 3세(Richard III)』, 세네카(Seneca)의 영향을 받은 비극 『타이투스 안드로니쿠스(Titus Andronicus)』, 플라우투스 (Plautus)의 영향을 받은 『착각희극(The Comedy of Errors)』 등이 있다. 이 시기에 쓴 작품은 이후 셰익스피어의 작품 활동에도 적잖은 영향을 미친다.

1592년부터 1594년까지는 페스트 창궐로 인해 많은 극장들이 문을 닫아야 했다. 이 기간 동안 셰익스피어는 서사시를 발표하기도 한다. 그는 1593년 '비너스와 아도니스(Venus and Adonis)', 1594년 '루크리스의 능욕(The Rape of Lucrece)'을 발표해 시인으로서도 이름을 알린다. 이 무렵부터 크리스토퍼 말로우 (Christopher Marlowe), 존 릴리(John Lyly), 토머스 키드(Thomas Kyd) 등 선배 작가들의 은퇴나 죽음이 이어졌다. 덕분에 셰익스피어는 빠르게 출세할 수 있었고, 달리 견제할만한 라이벌 없이 전성기를 맞게 된다. 본인의 능력과 주변 정세의 변화가 맞물려 좋은 결과를 얻게 되는 소위 '운이 따르는 작가'가 되었던 것이다. 다수의 예술가들이 생전에는 곤고한 삶을 보내고, 사망 후 재평가되는 것과 달리 셰익스피어는 살아있는 동안 작가로서 명예를 얻었고, 그에 따르는 부를 누린 행운아였다. 1594년경부터 쓰기 시작한 『한여름 밤의 꿈(A Midsummer Night's Dream)』을 비롯해 『로미오와 줄리엣(Romeo and Juliet)』의 집필도 이 시기에 시작한 것으로 추정된다. 그리고 이 작품들에서 셰익스피어 작품의 특징인 '다중 플롯'과 낭만적이고 아름다운 사랑 이야기가 등장하기 시작한다. 작가로서의 주관과 개성이 형성되기 시작한 것이다.

'성장기'였던 1595년(또는 1594년)에 발표된 『한여름 밤의 꿈』
은 대단한 호평을 받았다. 그 후 『뜻대로 하세요(As You Like It)』
『십이야(Twelfth Night)』 『베니스의 상인(The Merchant of Venice)』 등
의 낭만적인 걸작 희극이 연이어 발표된다. 또 셰익스피어는
『헨리 4세(Henry IV)』 1,2부와 같은 사극이나 『줄리어스 시저
(Julius Caesar)』와 같은 로마극을 발표하기도 한다. 그 유명한 『로
미오와 줄리엣』도 이 시기에 발표됐다. 『로미오와 줄리엣』을 발
표하면서 셰익스피어는 비극 장르에서도 재능을 보이는 작가로
인정받기 시작한다. 『리처드 2세(Richard II)』의 경우, 후에 발표된
『햄릿』에도 많은 영향을 미친 것으로 여겨진다.

'원숙기' 동안 셰익스피어는 『윈저의 즐거운 아낙네들
(The Merry Wives of Windsor)』 『트로일러스와 크레시다(Troilus and
Cressida)』 『끝이 좋으면 다 좋아(All's Well That Ends Well)』 『안
토니와 클레오파트라(Antony and Cleopatra)』 『코리올레이너스
(Coriolanus)』 등의 작품을 발표한다. 이 시기에는 역사적으로나
셰익스피어 개인적으로 많은 사건이 있었다. 셰익스피어는 부
모의 죽음을 겪었고, 사회적으로는 에섹스 백작(Earl of Essex)의
반역 음모가 발각되는 대사건이 일어나기도 했다. '원숙기'는 셰
익스피어가 현재의 명성을 가질 수 있었던 중요 작품을 창작한
시기다.

셰익스피어는 다양한 장르에 능했지만, 특히 그의 비극은 높
은 명성을 얻고 있다. 희극의 경우 학자에 따라 4대 희극, 5대

희극, 또는 셰익스피어 희극 등으로 나누지만 비극의 경우 '셰익스피어 4대 비극'으로 꼽히는 작품들이 규정되어 있다. 그의 4대 비극인 『햄릿』『오델로(Othello)』『리어왕(King Lear)』 그리고 『맥베스(Macbeth)』는 역사에 남는 대작이다. 이 네 작품이 그의 '원숙기'에 발표되었다. 셰익스피어는 이 작품들을 통해 한 인간의 본성과 그의 삶을 지배하는 운명의 아이러니, 여기서 더 나아가 전 우주적인 철학적 사유를 가능하게 하는 통찰력까지 선보인다.

'말기'에 들어 셰익스피어는 '비희극'이란 새로운 장르를 시험한다. 이때 발표한 작품은 『심벌린(Cymbeline)』『겨울 이야기(The Winter's Tale)』『템페스트(The Tempest)』 등이다. 특히 『겨울 이야기』는 그리스·로마의 신화적 요소가 결합된 작품인데 현재까지도 에릭 로메르(Eric Rohmer) 감독 등의 거장들이 영화 소재로 차용할 만큼 흥미로운 내용을 갖고 있다. 『템페스트』의 경우, 셰익스피어의 세계관과 작가관이 점철된 작품으로 평가받고 있다. 위의 작품들은 신비한 동화 속 이야기처럼 느껴지면서도 사랑과 증오, 다툼과 화해, 헤어진 가족의 상봉, 속죄와 용서 등 인간 사회의 본질적 문제들을 다루고 있다는 공통점이 있다. 특히 『템페스트』 속 '프로스페로의 고별사(epilogue)'는 작가로서, 연극인으로서의 인생과 무대에 대한 셰익스피어의 마지막 헌사로 받아들여지기도 한다.

셰익스피어의 작품들 중 그가 살아생전 출판·등록된 것은 손에 꼽을 정도다. 당시 희곡은 연극 공연을 위한 대본 정도로

만 인식되어 문학적 가치를 인정받지 못했다. 게다가 공연을 거듭하면서 상당부분 수정을 거치며 다듬었을 것이다. 때문에 작품을 무대에 올렸다고 해서 곧바로 그 대본을 출판하는 일은 흔치 않았다. 현재 우리가 읽고 공부하는 작품들은 셰익스피어 사후에 동료들이 만들어 전집 형태로 엮은 것이다. 1623년 셰익스피어의 동료였던 배우들이 '제1 이절판(The First Folio)'을 1,000부 발간해 판매한 일이 있다. 이 판본은 현대에 200부 가량 전해져 내려오고 있는데 온전한 상태인 것은 14부 정도로 알려져 있다. 앞으로도 언급하게 되겠지만 판본이 여럿인 작품도 많다. 게다가 현대의 학자들이 나름대로 편집해 출간한 작품집도 있는 만큼 셰익스피어의 작품을 연구하거나 인용할 때는 출판사와 편집자, 판본을 명확하게 표시할 필요가 있다.

셰익스피어의 희곡 작품들이 완전본으로 존재하기 어려운 이유는 그가 생존했던 당시의 상황에서 기인한다. 셰익스피어 시대에는 공연 문화가 성행했고, 극장별로 흥행을 위한 열띤 경쟁이 있었다. 때문에 셰익스피어처럼 흥행을 보증하는 작가의 작품은 무대에 올리기도 전에 많은 이들의 호기심을 자극했다. 그의 작품에 관심을 갖는 자들 가운데는 그의 팬뿐만 아니라 경쟁자들도 있었다. 그런 이유 때문인지 셰익스피어는 배우들에게 전체 대본을 맡기지 않았으며 일종의 대사 카드처럼 조각조각 나눈 대본을 주었다. 즉 햄릿 역의 배우에게는 햄릿의 대사를, 줄리엣 역의 배우에게는 줄리엣의 대사만 주는 방식이다. 이들은 다함께 모여 작가가 지정해주는 대목에서 대사를 하는 방식으로 연습했고, 연습을 하면서 줄거리를 익혀나갔다. 이렇게 함으로써 새로운 작품의 내용이 새어나가는 것을 최소화할 수 있었다. 상황이 이렇다보니 셰익스피어가 직접 내놓지 않는 한 완전한 작품을 출판하기란 어려웠다. 또한 공연만으로도 충분한 수입을 올리고 있는 셰익스피어로서는 출판에 큰 의의를 두지 않았을 것으로 추측되기도 한다.

현재 우리가 보는 대본들 중에는 셰익스피어 생존 당시 관객들이 공연을 보고 와서 적어 둔 대사들, 배우들에 의해 남겨진 대사까지 참고해서 집필된 판본도 있다. 그중 거의 확실하게 완전본이 아닌 작품이 바로 『맥베스』다. 『맥베스』의 경우 3막 5장에 '헤카테(Hecate)'[4]가 등장하는 장면이 있는데, 이 장면은 따로 연출해도 손상이 없을 만큼 독립되어 있다. 헤카테 장면 외에도 4막 1장에도 역시 흐름이 부드럽지 못한 부분이 있다. 이러한 장면들은 편집 도중에 돌발 상황이 있지 않았을까 하는 추측을 내놓게 한다.

역사적 배경과 연극사적 특성

셰익스피어가 활동했던 16세기 후반의 영국은 '황금기(The Golden Age)'라고 불리는 시기였다. 일종의 전환기였던 것이다. 정치적으로는 봉건체제가 허물어지고 근대 국가체제가 확립되기 시작했으며, 항해의 발달로 신세계에 대한 관심이 높았다. 외국의 문화와 문물이 대량 유입되었고, 다양한 민족과 인종들이

오가기 시작했다. 셰익스피어의 작품들 속에 영국뿐 아니라 유럽의 다양한 도시 이름이 등장하는 것도 이런 상황에서 비롯된다. 또한 엘리자베스 1세의 강력한 통치로 영국은 유럽의 강대국으로 부상하였고, 이념적으로도 변화가 일었다. 사회·문화적으로 활발한 변화가 이루지면서 자연스럽게 문예가 부흥했고, 넘쳐나는 소재들 속에서 작가들은 왕성한 창작을 하기에 더없이 좋은 기반을 얻게 되었다. 발전하고 있는 영국에 대한 추종과 더불어 미지의 세계에 대한 이상까지, 작가들은 다양한 내용의 작품을 발표할 수 있었다. 엘리자베스 1세 시대의 연극에서는 그리스·로마극의 영향을 받은 성향이 뚜렷이 드러나는데, 셰익스피어 역시 세네카나 플라우투스의 영향을 받았다.

셰익스피어뿐 아니라 이 시대 대부분의 작가들이 신고전주의의 삼일치 법칙을 사용하지 않았다. 이들은 복수의 플롯을 동시에 전개하거나 하나의 큰 플롯 아래 작은 플롯을 덧대어 전개해 나가기도 했다. 작가들이 창조한 초자연적인 장면과 존재들이 무대 위에 출몰하기 시작했고, 무대 위에서 잔혹한 장면들이 서슴없이 행해지기도 했다. 즉 엄격하고 지루한 틀에서 벗어나 좀 더 흥미롭고, 좀 더 관객들에게 어필 할 수 있는 공연이 행해진 것이다. 이런 의미에서 셰익스피어는 후대 멜로드라마에까지 영향을 미치게 된다.

셰익스피어의 주요 작품들

햄릿(Hamlet)

> 사느냐 죽느냐, 그것이 문제로다.
>
> To be, or not to be — that is the question.
>
> — 『햄릿』 3막 1장 55행

　문학이나 공연문화, 심지어 영화를 좋아하는 사람들 중 이 대사를 들어보지 않은 이는 거의 없을 것이다. 이 대사는 셰익스피어의 비극 『햄릿』의 주인공 햄릿이 인생과 운명에 대한 회의를 표현하는 대사다.

　『햄릿』은 셰익스피어의 4대 비극 중에서도 가장 많이 연출·

공연되고 있고, 연구 역시 활발한 작품이다. 특히 남자 주인공 햄릿은 연기파 배우들이 무척 탐내는 배역이다. 햄릿 역을 맡은 배우들은 연기력을 인정받는 경우가 많은데, 예를 들어 영국의 로렌스 올리비에(Laurence Olivier), 벤 휘쇼(Ben Whishaw), 케네스 브레너(Kenneth Branagh), 일본의 노무라 만사이(Mansai Nomura), 한국의 유인촌 등이 그런 경우다. 물론 햄릿 역을 맡았다고 해서 그 배우들이 모두 성공의 길을 걷는 것은 아니다. 우리가 알지 못하는 수많은 극단이 있고, 그 극단들이 만들어 내는 수많은 『햄릿』 관련 작품이 있으며 또 그 수만큼의 햄릿들이 존재한다. 하지만 햄릿이라는 캐릭터의 분석 불가능한 심연을 표현하기 위해 기본적으로 연기력이 뒷받침되는 배우들이 햄릿 역을 맡게 되고, 햄릿 역을 성공적으로 소화한 배우는 다시 한번 연기력을 입증하게 되는 것이다.

　『햄릿』은 그 작품을 읽는 사람들 또는 관람하는 사람들로 하여금 인생에 대한 깊은 통찰을 하게끔 만든다. 또 연출가들에게는 정치극, 심리극, 애정극, 추리극, 심지어 무속극으로도 연출 가능한 변화무쌍한 작품이기도 하다. 그 이유는 운명적으로 엮인 여러 등장인물들의 비극적인 삶의 양상이 이 작품 하나에 모두 들어있기 때문이다.

간단한 줄거리

　덴마크의 한 궁전. 보초를 서는 병사들은 오늘밤도 두렵다. 바로 유령이 출몰하기 때문인데, 이 유령의 모습은 작고한 선왕 햄릿(Sir. Hamlet)과 무척 닮아있다. 사실 선왕 햄릿의 유령이 출몰하기 시작한 것은 어제 오늘 일이 아니다. 이로 인해 흉흉한 소문이 궁정에 퍼지기 시작했다. 이 소문은 결국 왕자 햄릿(Hamlet)의 귀에도 들어가게 된다. 햄릿은 선왕 햄릿과 왕비 거트루드(Gertrude) 사이에서 태어난 아들로 왕실을 이어받을 적통 후계자다. 하지만 햄릿은 큰 혼란에 빠져 있는 상태다. 거트루드가 남편의 죽음을 슬퍼할 겨를도 없이 선왕 햄릿의 동생인 클로디어스(Claudius)와 재혼했기 때문이다. 햄릿은 선왕 햄릿의 유령이 출몰한다는 장소로 향한다. 한밤중이 되자 선왕 햄릿의 유령이 나타난다. 선왕 햄릿의 유령은 아들 햄릿에게 자신의 죽음에 얽힌 비밀을 털어놓는다.

유령에 따르면 선왕 햄릿은 궁정의 정원에서 낮잠을 자고 있었다. 그런데 동생 클로디어스가 몰래 다가와 선왕의 귀에 독액을 부어 넣은 것이다. 선왕 햄릿은 독살되었고, 부인 거트루드와 선왕의 동생 클로디어스는 재혼한다. 그리고 클로디어스는 왕좌를 물려받는다. 여기까지가 유령이 햄릿에게 들려주는 내용이다.

이야기를 들은 햄릿은 번민하기 시작한다. 유령의 말을 믿고 싶지만 마땅한 증거가 없기 때문이다. 햄릿은 어머니의 성급함에 실망하면서 그녀를 원망하지만 이미 클로디어스의 아내가 된 그녀를 어쩔 도리는 없다. 게다가 그녀는 자신의 어머니가 아닌가! 햄릿을 슬픔으로 빠져들게 만드는 요인은 또 있다. 바로 연인 오필리어(Ophelia)다. 오필리어와 햄릿은 서로를 사랑하고 있지만, 그 사랑은 결코 순탄하지 않다. 오필리어의 아버지이자 재상인 폴로니어스(Polonius, 코람비스) 때문이다. 폴로니어스는 현재의 왕 클로디어스의 심복으로 햄릿은 그와 가까워질 수 없는 관계다. 햄릿은 그가 못내 껄끄럽다. 왕의 심복인 폴로니어스의 딸을 연인으로 둔다는 것은 곧 햄릿마저도 클로디어스의 영향력 아래 놓이게 된다는 의미로 해석될 수 있기 때문이다. 게다가 폴로니어스는 시시때때로 햄릿을 염탐하고, 오필리어와 햄릿의 관계에 간섭하기도 한다.

고심 끝에 햄릿은 광인(狂人)이 된 것처럼 연기하기로 결심한다. 슬픔에 미친 척 연기함으로써 궁정 내 사람들을 속이고, 그들로 하여금 조심성을 잃게 만들어 선왕 햄릿의 죽음에 대한 비밀을 알아내고자 한 것이다. 그의 비밀스런 수사가 시작된다. 그러나 과정은 쉽지 않다. 연인인 오필리어마저 속여야 했기 때문이다. 궁정의 누군가가 지켜볼 수도 있기 때문에 햄릿은 오필리어에게마저 험한 태도로 일관한다.

그런데 때마침 궁정에 유랑극단이 도착한다. 햄릿은 번뜩이는 아이디어를 낸다. 궁정의 사람들을 초대해 연극을 보여주는 것이다. 연극의 내용은 선왕 햄릿의 죽음에 관한 재연이다. 햄릿은 배우들과 직접 소통하면서 연극을 진두지휘한다. 마침내 연극이 상연되던 날, 클로디어스는 연극 관람 도중 자리를 박차고 일어나버린다. 클로디어스의 당황한 태도를 본 햄릿은 그가 선왕 햄릿을 살해했다고 확신한다. 그런데 돌이킬 수 없는 일이 벌어진다. 햄릿과 거트루드가 다투게 되는데, 이를 엿듣는

누군가 있다는 것을 알게 되어 햄릿이 칼을 빼서 커튼 뒤를 힘껏 찌른다. 그런데 그의 칼에 찔려 죽은 사람은 바로 폴로니어스였다. 설상가상으로 연인 오필리어는 자살을 하고 만다.

폴로니어스의 아들이자 오필리어의 오빠인 레어티스(Laertes)는 얼마간 궁정을 떠나있던 햄릿이 돌아오자 가족의 복수를 다짐하고 햄릿에게 결투를 신청한다. 레어티스가 들고 있는 칼에는 독이 묻어있다. 클로디어스가 사주한 것이다. 싸움 도중 레어티스와 햄릿은 칼을 떨어뜨리게 된다. 그리고 다시 일어났을 때 그들은 칼을 바꿔 잡은 상태다. 그들은 서로를 찌른다. 한편 거트루드는 싸움 도중 술을 마시게 되는데, 사실 그 술은 햄릿을 죽이기 위해 독을 타 두었던 술이다. 결국 거트루드는 쓰러진다. 레어티스는 죽기 전 햄릿에게 독에 관한 진실을 이야기하고, 햄릿은 사력을 다해 클로디어스를 찌른다. 결국 모든 이들이 죽게 되고, 때마침 그곳을 지나던 노르웨이의 왕자 포틴브라스(Fortinbras)가 덴마크의 왕권을 차지하는 것으로 연극은 끝을 맺는다.

작품의 의의

선왕을 죽인 범인을 찾고자 열성적으로 광인을 연기하던 햄릿의 운명은 참으로 아이러니하다. 그의 고단한 여정은 결과적으로 포틴브라스에게 덴마크의 왕권을 넘겨주는 일에 불과했던 것이다. 셰익스피어는 이 과정을 통해 인간의 삶이 얼마나 덧없는 여정에 불과한 것인지를 보여준다. 하지만 이 정도의 의

미만으로 『햄릿』이 대작으로 남을 수는 없을 것이다. 『햄릿』 안에는 극단이 선보이는 '극중극(play-within-a-play)'이 등장한다. '극중극'이라는 장치는 셰익스피어의 연극에서 어렵지 않게 찾아볼 수 있다. 하지만 『햄릿』 속의 극중극이 중요한 이유는 햄릿이 전문 배우들에게 직접 연기를 지도한다는 데 있다. 이 장면은 자신의 극단 배우들을 지도하는 셰익스피어를 연상하게 만든다. 또 햄릿과 그 주변인들이 죽는 장면은 연극 무대에서 배우들의 퇴장을 연상하게 만든다. 이는 인간의 삶이 마치 무대 위에 오른 배우들의 역할과 같으며 때로는 그러한 삶이 돌고 돈다는 것을 의미한다.

『햄릿』은 여러 판본이 존재하는데, 이는 연극을 위한 대본이었기 때문이다. 예를 들어 한 작품을 무대에 올렸는데 작품의 길이가 너무 길거나 관객의 반응이 좋지 않은 경우, 혹시 배우들이 연기하기에 위험한 장면이 있는 경우 연출가나 극작가들은 얼마든지 대본을 수정한다.

『햄릿』은 총 세 가지 판본이 있다고 전해진다. 1603년에 출판된 '제1 사절판(the First Quarto), 1604년 출판된 '제2 사절판(the Second Quarto)', 그리고 1623년 출간된 셰익스피어의 작품 모음집에 수록되어 있는 '제1 이절판'이 그것이다. 이 작품들은 각각 Q1, Q2, F로 표기되곤 한다. 이중 우리가 가장 친근하게 접할 수 있는 작품은 Q2와 F로, 이 두 판본은 완성도가 뛰어나다. 각각의 작품들은 분량에서 많은 차이를 보인다. Q1은 2,221행, Q2는 4,056행, 그리고 F는 3,907행이다.[5] 행수의 계산은 학자들마다 조금씩 다르다. 이렇게 큰 차이를 보이는 만큼 가장 짧은 판본인 Q1에 대한 가설이 분분한데 '셰익스피어가 공연을 목적으로 직접 줄여 쓴 것'이라는 의견, '연극을 관람한 관객들이나 공연했던 배우들이 기억나는 내용을 적은 것'이라는 의견 등이 있다.

극 중에서 햄릿 왕자는 선친의 죽음에 대한 의구심과 어머니의 재혼에 대한 배신감으로 고뇌한다. 때문에 이런 햄릿의 모습은 오이디푸스 콤플렉스적인 양상을 보인다고 하여 정신분석학 측면에서의 연구도 활발히 이루어지고 있다. 또 오필리어를 '성녀' 또는 '무녀'로 묘사하는 공연도 여럿이다. 이는 주로 동양권에서『햄릿』을 연출할 때 많이 쓰이는 방법인데, 동시에 학술적 연구도 많이 진행되어 있다.

『햄릿』을 읽을 때 주의할 점은 한 명의 주인공에게 치우쳐 읽다가는 중요한 요소들을 놓치기 쉽다는 것이다.『햄릿』에는 햄릿 외에도 흥미로운 캐릭터들이 다수 등장한다. 우선 선왕을 죽였다는 강력한 의심을 받고 있는 클로디어스의 경우, 관객이나 독자들에 의해 자연스럽게 '악(惡)'으로 규정된다. 그러나 과연 그를 악한 존재로만 규정할 수 있는가? 햄릿의 편에 서서 본다면 클로디어스가 악의적인 인물로 해석될 수 있으나 거트루드의 입장에서 볼 때는 정반대의 해석이 나올 수 있다. 선왕 햄릿은 전투에 능한 사람으로 묘사되는데, 늘 전쟁에 참가했기 때문에 아내와 충분한 시간을 보내지 못했던 것으로 유추되기도 한다. 반면 클로디어스는 거트루드에게 자상한 남편이 되어

준다. 그는 햄릿의 반항에도 불구하고 거트루드를 위해 인내한다. 때로는 거트루드를 위로하기도 한다. 적통 왕자가 존재하고 있어 추문이 생길 수 있음에도 불구하고, 거트루드가 이에 개의치 않고 클로디어스와 재혼했다는 사실로부터 그녀도 클로디어스를 사랑하고 있음을 쉽게 알 수 있다. 이런 측면에서 볼 때 거트루드와 클로디어스의 관계는 사랑에서 기인한 것으로 추정할 수 있다. 많은 연구서들이 햄릿과 오필리어의 관계를 '안타까운 사랑'으로, 클로디어스와 거트루드의 관계는 '살인을 불사한 불륜'으로 규정하고 접근하는데 이는 상당히 편협한 시각이라고 할 수 있다.

극 중에 등장하는 정치 상황 역시 관심을 갖고 지켜봐야 할 대목이다. 여기서 덴마크는 왕국을 안전하게 보호할 만한 강력한 왕이 부재한 곳으로 묘사된다. 선왕 햄릿이 살아있을 때 목숨 걸고 지켜졌던 덴마크의 왕권은 그가 죽자 잠시 클로디어스에게 넘어갔다가 햄릿 왕자까지 사망하자 결국 포틴브라스의 차지가 된다. 그리고 이 순간을 영국의 대사들(English Ambassadors)이 지켜본다. 이는 셰익스피어의 기지가 발휘된 장면이다. 셰익스피어는 덴마크의 왕권이 노르웨이에게 넘어가게 하고, 이를 영국의 대사들이 지켜보게 함으로써 영국이 다른 유럽의 국가들보다 우위에 있다는 사실을 강조한다. 즉, 타국의 왕들이 영국 대사의 '허가'를 받는 모양새를 만든 것이다. 셰익스피어가 갖고 있는 이러한 정치적 센스는 당대의 왕들을 만족시키는 데 모자람이 없었다.

오델로(Othello)

공기같이 가볍고 사소한 것도 질투하는 이에게는
성경의 증거만큼 강한 확신을 주는 확증이 될 수 있다.
Trifles light as air
Are to the jealous confirmations strong
As proofs of holy writ.

– 『오델로』 3막 3장 319~321행

『오델로』만큼 억울한 비극도 없을 것이다. 한 사람의 열등감과 질투심에 불을 붙여버린 다른 사람의 악의는 결국 무고한 희생을 낳게 된다. 『오델로』는 현재까지도 많은 담론을 양산해내고 있는 작품이다. 『오델로』를 둘러싼 담론들은 앞으로 더욱더 많은 힘을 발휘할 것으로 예상되는데, 그것은 『오델로』가 갖고 있는 소재들이 놀랍도록 현대적인 문제들이기 때문이다.

다른 비극들과 마찬가지로 『오델로』 역시 주인공의 이름을 제목으로 사용하고 있다. 주인공인 오델로(Othello)는 무어인 장군이다. '무어인'이란 검은 피부를 가진 사람들을 의미하는데 흑인이라고 생각해도 무방하다. 현재도 인종차별적 문제가 계속되고 있는데 오델로의 배경인 1600년대에는 그 갈등이 오죽했을까? 그러나 오델로는 그러한 차별에 굴하지 않고 자신의 길을 개척한 명망 있는 인물이다. 그러한 그가 얄궂은 오해로 인해 파멸하는 과정을 그린 것이 『오델로』다.

간단한 줄거리

무어인 귀족 오델로에게는 데스데모나(Desdemona)라는 이름의 아름다운 부인이 있다. 그런데 이 부인은 백인이다. 그녀는 정숙한 인품과 아름다운 외모, 게다가 훌륭한 가문 출신이라는 프리미엄을 동시에 가진 여성이다. 당연히 데스데모나에게 청혼하는 수많은 구혼자가 있었을 것이다. 하지만 오델로 장군의 신기한 경험담을 들으면서 그에게 빠져든 데스데모나는 결국 그와 결혼한다.

오델로와 데스데모나 부부의 관계는 너무나 돈독하지만 그들을 두고 험담하는 무리들이 존재한다. 극 중에는 로드리고(Roderigo)가 데스데모나를 흠모한다거나 데스데모나의 아버지인 브러밴쇼(Brabantio)가 오델로의 피부색을 두고 악의 섞인 조롱을 하는 장면이 등장한다. 데스데모나는 남편에 대한 사랑에 확신이 있는 만큼 주변인들을 신경 쓰지 않는다. 그러나 오델로는 다르다. 그는 여러 전쟁에서 혁혁한 공을 세운 뛰어난 인물임에도 불구하고 자신이 인종적인 문제로 평가절하 되고 있다는 생각에 사람들의 시선을 의식한다. 이런 오델로의 불안심리 때문일까? 오델로와 데스데모나의 관계는 타인이 꾸민 간계에 의해 파국으로 치닫게 된다.

군인인 오델로에게는 부하들이 있다. 그중 눈에 띄는 둘이 있는데 한 명은 캐시오(Cassio), 다른 한 명은 이아고(Iago)다. 캐시오는 잘생긴 외모에 남자다운 성품을 갖고 있다. 또 그는 상관인 오델로를 존경하고 있다. 그는 오델로를 존경하는 만큼 데스데모나의 인품을 높이 산다. 왜냐하면 오델로의 피부색 보다는 그의 사람됨을 보고 결혼했다는 사실을 알고 있기 때문이다. 데스데모나를 향한 캐시오의 마음은 상관의 부인에 대한 존경심 그 이상 이하도 아니다. 오델로는 캐시오를 부관으로 승진시킨다. 그런데 이 사실을 알게 된 이아고가 악의(惡意)를 품는다. 이아고는 매우 간사하고 질투가 심하다. 피부색이 검은 오델로가 자신의 상관인 것도 내심 불만스럽다. 게다가 아름다운 데스데모나를 보면 오델로가 부당한 이익을 취하고 있는 것처럼 느낀다. 이 모든 불만을 참고 견뎌왔는데, 라이벌인 캐시오가 먼저 승진을 하니 이아고의 질투심은 극으로 치닫는 것이다.

이아고는 데스데모나와 캐시오가 내연의 관계라는 거짓말로 오델로를 흔들어 놓는다. 부인 데스데모나가 잘 생긴 부관 캐시오와 불륜에 빠졌다는 소리를 들은 오델로는 그 말을 믿지 않으려 한다. 하지만 오델로의 마음속에는 불안이 일고 있다. 이아고는 이 순간을 놓치지 않고, 데스데모나의 손수건을 캐시오의 거처에 놓아둔다. 그리고 오델로에게 데스데모나의 손수건을 캐시오가 갖고 있다는 말을 흘린다. 이 사건은 캐시오에 대한 오델로의 질투를 데스데모나에 대한 증오로 확장시킨다. 사실 이 손수건은 오델로가 데스데모나에게 준 선물로 의미 있는 물건이다. 손수건을 도둑맞았기 때문에 데스데모나는 그것을 보여 달라는 오델로의 요구를 들어줄 수 없다.

결국 오델로는 의심을 확신으로 굳히게 되고, 침대 위에서 데스데모나를 목 졸라 살해한다. 데스데모나는 죽는 와중에도 자신의 결백을 주장하지만, 오델로의 귀에 그런 말은 들려오지 않는다. 하지만 데스데모나가 사망하자마자 이아고의 아내 에밀리아(Emilia)와 캐시오가 나타나 데스데모나의 결백을 입증한다. 결국 오델로는 죄책감과 자괴감을 견디지 못하고 자살한다.

작품의 의의

『오델로』를 읽거나 관람하게 되면 어딘가 이상하다는 느낌을 갖게 된다. 바로 손바닥 뒤집히듯 순식간에 변하는 오델로의 성품 때문이다. 오델로는 분명 명망 있고 인자하면서도 유능한 장군으로 묘사되고 있다. 그런데 이아고의 이간질이 시작되자 온유한 모습은 온데간데없이 사라진다. 이러한 급격한 변화는 오델로가 자신의 인종성에서 열등감을 느끼고 있었다는 사실을 반증한다. 캐시오를 향한 오델로의 질투심과 열등감 역시 이아고의 악의와 견주어 보아도 손색이 없을 정도로 강력한 것이다. 오델로의 의심은 그를 무척이나 바보처럼 보이게 만든다. 그는 데스데모나의 결백 주장을 끝까지 믿지 않는다. 데스데모나를 향해 던지는 욕설 역시 극한으로 치닫는 그의 성격을 그대로 반영한다. 그는 자신의 열등감을 감추기 위해 데스데모나에게 언어폭력을 가하고, 그렇게 해서 데스데모나를 상처 입히려고 한다.

오델로의 어리석은 모습은 셰익스피어가 갖고 있던 인종차별적 사고를 반영한 것이라 주장하는 학자들도 있다. 실제로 셰익스피어가 살고 있던 시대는 인종이나 민족에 대한 차별이 존재하던 시대다. 하지만 오델로를 흑인이기 때문에 폄하했다는 해석은 셰익스피어의 다층적 세계관에 걸맞지 않는다. 『오델로』에서 악(惡)은 오델로보다 이아고에 가깝다. 이아고는 철저하게 사람을 조종하는 조종자(manipulator)의 모습을 보여준다. 다른 등장인물들은 그에게 조종당하고, 그의 손아귀 안에서 놀아난다. 오델로나 캐시오의 본성이 선(善)한 것이었는지 확인할 길은 없으나, 이들은 기본적으로 대의를 지키는 사람들이었다. 따라서 믿었던 부관이자 전우가 자신들을 질시해 계략을 꾸밀 것이라고는 예상을 하지 못한 것이다. 오델로나 캐시오, 데스데모나는 이아고가 조종하는 인형극 안의 인형들에 불과해 보일 정도로 이아고의 각본대로 움직인다. 이아고에 관해서는 후반부의 '셰익스피어가 그린 인물들'에서 좀 더 자세히 다루기로 한다.

『오델로』가 배경으로 하고 있는 당시 베니스의 상황을 두고 이 작품을 정치극이나 시대극, 문화극으로 해석하는 시각도 있다. 오델로가 살고 있는 베니스는 당시 무역의 중심지로 여러 문화가 교차하는 다문화적 공간이었다. 그래서 데스데모나와 오델로는 주변의 반대에도 불구하고 결혼이라는 결실을 맺을 수 있었던 것이다.

간사한 부하 한 명의 말을 듣고 아내를 의심하며 충성스런 신하를 상처 입히고, 또 아내를 살해한 뒤 자살하는 오델로는 본받을 만한 걸출한 인물은 되지 못한다. 하지만 인간이 늘 강하고 위대할 수만은 없다. 언제 어떤 상황에서나 진실을 파악

할 수 있는 능력을 갖춘 것도 아니다. 이아고의 본성을 파악하지 못하고 그의 말에 넘어가버린 오델로는 분명 한계가 있는 인물이지만, 그렇기 때문에 동시에 동정이 가는 인물이기도 한 것이다.

맥베스(Macbeth)

> 맥베스는 잠을, 무고한 잠을 살해했다.
> Macbeth does murder sleep, the innocent sleep.
>
> – 『맥베스』2막 2장 36행

셰익스피어의 4대 비극 가운데 가장 많은 논란이 일고 있고, 지금까지도 많은 수수께끼를 품고 있는 작품이 바로 『맥베스』다. 『맥베스』는 길이가 짧은 편이고, 초자연적 요소와 고딕적인 분위기 그리고 살인 등의 강력 범죄가 담겨 있기 때문에 읽는 내내, 또 관람하는 내내 긴장을 늦출 수 없다.

간단한 줄거리

글래미스의 영주(Thane of Glamis)인 맥베스는 전쟁을 승리로 이끌고 돌아오는 길이다. 그는 동료이자 친구인 뱅쿠오(Banquo)와 함께인데 그들 앞에 세 명의 마녀(Three Weird Sisters)가 모습을 드러낸다. 마녀들은 분명 여자인데 수염이 난 기괴한 모습이어서 성별 구분이 쉽지 않다. 마녀들은 어리둥절한 맥베스에게 "… 만세를! 글래미스 영주 … 코더의 영주 … 왕이 되실 분 (… a hail to thee Thane of Glamis … Thane of Cawdor … that shalt be King hereafter)"이라는 말을 남기고 사라진다. 곧이어 맥베스는 덩컨 왕(King Duncan)의 명령으로 자신이 코더의 영주로 진급해 있음을 알게 된다. 그리고 마침 덩컨 왕은 맥베스의 집에 묵을 요량으로 방문할 것임을 알려온다. 앞서 편지로 세 명의 마녀에 의해 예언된 내용을 들은 레이디 맥베스(Lady Macbeth, 맥베스 부인)는 맥베스를 꼬드겨 덩컨 왕 살해계획을 세운다.

왕의 도착을 환영하는 연회 후, 사람들은 각자의 침소로 든다. 성 안에 깨어 있는 사람은 오직 맥베스와 레이디 맥베스뿐이다. 레이디 맥베스는 오늘밤 안에 덩컨 왕을 죽여서 맥베스에게 왕위를 물려받게 하려 한다. 하지만 맥베스는 차마 용기가 나지 않는다. 레이디 맥베스는 남편의 우유부단한 태도에 화를 내고 자신이 덩컨 왕을 죽이려 한다. 하지만 잠든 덩컨 왕의 얼굴은 아버지의 모습을 떠올리게 하고, 그녀는 덩컨 왕을 죽이지 못한다. 그러나 결국 맥베스가 왕을 죽인다. 맥베스가 피 묻은 칼을 들고 나오자, 레이디 맥베스는 약을 탄 술을 먹고 취한 보초병들에게 칼에 묻은 피를 묻혀 죄를 덮어씌운다.

덩컨 왕의 살해 소식을 들은 맬컴(Malcolm) 왕자와 도널베인(Donalbain) 왕자는 도피하지만, 뱅쿠오는 맥베스가 보낸 자객에 의해 살해당한다. 왕위를 넘겨받을 마땅한 계승자를 찾기 어렵게 되자 맥베스가 왕위에 오른다. 하지만 맥베스는 자신이 살해한 사람들의 유령을 계속해서 목격하게 되고, 결국 신경 쇠

약에 이른다. 레이디 맥베스 역시 마찬가지다. 그녀는 맥베스의 이상한 행동들이 너무 신경 쓰인다. 맥베스는 사람들이 많이 모인 연회에서 허공을 향해 말을 하기도 하고 수상한 행동을 계속 하는데, 이는 모두 그가 저지른 살인에 대한 죄책감에서 비롯된 일이다. 더 이상 견딜 수 없게 된 맥베스는 다시 마녀들을 찾아간다. 맥베스는 '맥더프(Macduff, 파이프의 영주)를 조심하라'는 예언과 '여자의 몸에서 태어난 자는 맥베스를 이길 수 없다'는 예언을 듣는다. 맥더프가 못내 마음에 걸린 맥베스는 맥더프의 아내와 아이들을 죽인다. 그러나 맥베스 부부는 이미 정신적으로 쇠약해져 있다. "손에 묻은 피가 지워지지 않는다"는 말을 하며 발작하던 레이디 맥베스는 결국 죽는다. 맥베스를 응징하기 위해 나타난 맥더프는 자신이 '어머니의 배를 가르고 나온 자'임을 밝힌다. 결국 맥베스는 맥더프에게 죽임을 당하고 맬컴이 왕위에 오른다.

작품의 의의

『맥베스』는 범죄와 그에 따른 죄책감에 의해 파멸해 가는 한 인물을 통해 통렬한 메시지를 전달한다. 셰익스피어는 라파엘 홀린셰드(Raphael Holinshed)의 『연대기(Chronicles)』에 기록되어 있는 스코틀랜드의 실존했던 귀족에게서 영감을 받은 것으로 여겨진다. 셰익스피어의 『맥베스』 대본에 대해서는 많은 논란이 있다. 왜냐하면 중간 중간 삭제된 것처럼 연결이 미흡한 곳도 있고, 등장인물들의 행위나 대화가 연결되지 않는 부분도 있기 때문이다. 때문에 현재 우리가 읽고 연구하는 대본이 완전본이라는 보장은 없다. 그럼에도 불구하고 『맥베스』가 셰익스피어의 작품 중에서 가장 완성도가 높다고 주장하는 학자들이 다수인데, 그 이유는 콤팩트한 내용 때문이다. 『맥베스』는 장면 전환이 빠르고, 그 안에 미스터리적인 요소를 담음으로써 관객들을 단숨에 집중시킨다. 『맥베스』에 마녀나 주술과 같은 어둡고 음침하면서도 초자연적인 내용이 많이 포함되어 있는 것은 발표 당시의 국왕이었던 제임스 1세의 영향이 크다. 제임스 1세는 「악마학(Demonologie)」이라는 논문을 발표할 정도로 주술과 마법에 관심이 많았다. 셰익스피어는 이런 국왕의 구미에 맞는 작품을 써내려간 것이다.

　니콜라스 브룩(Nicholas Brooke)[6]에 따르면, 1606년 경 쓰인 것으로 추정되는 이 연극은 그해 말 글로브 극장에서 상연되었다. 밤이나 어둠을 표현할 만한 조명장치가 없는 상황에서 낮에 상연된 것이다. 『맥베스』의 특이성은 이러한 부분에 있다. 낮 공연을 염두에 두고 극장용으로 쓰인 이 극의 2/3에 해당하는 내용이 어둠 속 장면이었기 때문이다. 때문에 대사를 통해 밤이라는 시간적 상황을 설명하는 스포큰 데코어(spoken decor)[7]를 한다든가 횃불을 설치함으로써 밤이나 어둠 속임을 표현해야만 했다. 2년 후 1608년에서 1609년경, 셰익스피어의 킹스멘(King's Men) 극단은 블랙프라이어스(Blackfriars) 극장을 얻게 되었고, 그때부터 비로소 인공조명을 사용할 수 있게 되었다. 때문에 셰익스피어의 마지막 작품으로 추정되는 『폭풍우

(The Tempest)』는 상당히 정교한 무대효과를 사용할 수 있었다.

'맥베스'라는 인물에 대한 연구는 활발히 진행되어왔다. 맥베스는 덩컨 왕의 살해를 망설인다. 그는 전쟁터에서 수 없이 많은 사람을 죽였지만, 잠든 덩컨 왕을 죽이는 것은 '살인'과 '반역'이라는 범죄에 해당하기 때문이다. 즉, 그간의 살육은 '왕과 국가를 위한 애국 행위'였던 데 반해 왕을 죽이는 것은 철저한 '반역'인 것이다. 게다가 왕은 맥베스의 집에 손님으로 묵고 있다. 맥베스에게 목숨을 맡기고 있는 것이다. 때문에 맥베스는 더욱 주저하게 되고, 그를 부추기는 레이디 맥베스는 악인(惡人)으로 고정된다. 레이디 맥베스는 남편을 자극해 범죄를 행하도록 유도하기 때문에 '악녀'라는 꼬리표를 달게 되었는데 최근 들어서는 그녀에 대한 평가도 변하고 있다.

레이디 맥베스를 재평가 하는 학자들은 비록 그녀가 냉혈한처럼 보이긴 하지만 결과적으로 덩컨 왕을 죽이는 것은 맥베스라는 점에 주목한다. 부인이 아무리 범죄를 부추겼어도 맥베스는 덩컨 왕을 죽이지 않을 수 있었다. 하지만 그는 우유부단한 모습을 보이고, 오히려 레이디 맥베스가 더 강한 모습을 보인다. 그래서 결국 레이디 맥베스는 남편을 부추겨 살인을 저지르게 한 인물로, 맥베스는 부인 때문에 어쩔 수 없이 반역을 저지른 인물로 인식된 것이다. 맥베스가 왕을 죽이고 피 묻은 단검을 쥐고 나왔을 때, 레이디 맥베스는 그 단검을 들고 올라가 보초병들에게 피를 묻힌다. 그리고 그녀는 남편에게 돌아와 마치 달래듯 '자신의 손에도 이제 피가 묻었다'고 말한다. 맥베스에게 공범이 있음을 상기시킴으로써 그의 죄의식을 나누어 갖고 동지의식을 강화시키려 한 것이다. 그러나 맥베스의 살인은 멈추지 않는다. 그는 가장 친한 친구 뱅쿠오를 죽이고, 맥더프의 가족들마저 살해한다. 오로지 자신의 왕권을 강화시키기 위해 정적으로 변할 가능성이 있는 인물들을 제거해 나간다.

맥베스가 이런 행위를 하게 되는 배경에는 세 명의 마녀가 남긴 예언이 있다. 마녀들은 성별과 나이, 실재 여부가 불확실한 존재들이다. 이들은 초자연적인 존재들로 확실한 정체성이 없다. 이들이 툭툭 던지는 말 한마디가 맥베스로 하여금 돌이킬 수 없는 강을 건너게 만든다. 이는 심약한 인간의 본성을 노린 운명의 장난으로 해석되곤 한다. 살인 후 맥베스는 끔찍한 형벌을 받는다. 그는 잠들지 못한다. 그의 부인은 손에 묻은 피가 닦이지 않는다고 절규하고 몽유병 환자가 된다. 과연 누가 가해자이고 누가 피해자인가?

『맥베스』의 대본에 기인해 전혀 새로운 『맥베스』를 탄생시키는 연출자들도 적지 않다. 레이디 맥베스를 주인공으로 한 연극들도 다수 연출되고 있다. 그만큼 레이디 맥베스라는 인물은 흥미롭다. 많은 학자들의 의문을 사는 부분이 또 하나 있는데, 바로 맥베스 부부에게 후사가 없다는 점이다. 맥더프라든가 뱅쿠오, 덩컨 왕에게는 후손이 있다. 하지만 아무리 대본을 샅샅이 읽어 보아도 맥베스 가문의 자손은 등장하지 않는다. 다만 레이디 맥베스가 '젖을 물려본 경험'을 이야기함으로써 그녀에게 아이가 있었음을 추측할 뿐이다. 하지만 그녀는 곧이어 잔

인하게 아이의 머리를 부수는 묘사를 한다. 이런 점을 두고 일부 학자들은 "레이디 맥베스가 남성의 영역(왕이 되는 것, 정치 참여)에 끼어들려고 하기 때문에 여성의 역할인 생산을 수행하지 못한다"고 주장하기도 하는데, 이는 성차별적인 시각에서 비롯된 의견이므로 옳은 해석이 될 수 없다.

셰익스피어의 『맥베스』는 오페라로도 유명하다. 쥬세페 베르디(Giuseppe Verdi)의 〈막베토(Macbeto, 1847년 초연)〉가 그것인데, 이 오페라에서 레이디 맥베스가 차지하는 영향력은 대단한 것이다. 『맥베스』는 범죄를 다루고 있고, 마녀들이 등장한다는 점에서 추리소설이나 공포소설의 분위기를 담고 있기도 하다. 만일 『맥베스』를 새로운 시각으로 읽어보고 싶다거나 심도 있는 연구를 진행하고자 한다면 '레이디 맥베스'를 중심으로 분석해보거나 '맥베스 부부의 범죄'를 중심으로 분석해보라. 흥미로운 결과를 얻을 수 있을 것이다.

한여름 밤의 꿈(A Midsummer Night's Dream)

> 사랑은 눈으로 보지 못하고 마음으로 본다.
> 그렇기 때문에 큐피트는 장님으로 그려져 있다.
> Love looks not with the eyes, but with the mind.
> And therefore is of Cupid painted blind.
> – 『한여름 밤의 꿈』 1막 1장 234~5행

간단한 줄거리

그리스의 아테네에 사는 허미아(Hermia)는 라이샌더(Lysander)와 사랑하는 사이다. 허미아의 아버지 이지어스(Egeus)는 딸을 디미트리어스(Demetrius)와 억지로 결혼시키려고 한다. 그러나 딸이 거부하자 아마존의 여왕 히폴리타(Hippolyta)와의 결혼을 앞둔 공작 티시어스(Theseus)에게 나아가 딸을 처형시켜 줄 것을 청한다. 딸이 아버지가 고른 사람과 결혼하지 않을 경우 처형할 수 있다는 법에 호소한 것이다. 한편 헬레나(Helena)는 디미트리어스를 사랑하지만 디미트리어스의 마음은 허미아에게 향해 있다. 이렇게 네 명의 남녀는 엇갈린 애정 전선에 서 있다.

허미아와 라이샌더는 도망치기로 결정하고 숲 속으로 향한다. 이 사실을 알게 된 디미트리어스와 헬레나 역시 앞의 둘을 쫓아 숲 속으로 들어오게 된다. 여기서부터 네 젊은이들을 향한 요정들의 장난이 시작된다. 요정의 왕 오베론(Oberon)은 여왕 티타니아(Titania)를 골려주기 위해 하인 픽(Puck)을 시켜서 마법의 꽃을 꺾어오게 한다. 이 꽃의 즙을 눈꺼풀에 바르면 눈을 떠 처음 마주친 사람을 사랑하게 된다. 꽃즙의 효과로 요정의 여왕인 티타니아는 몰골을 하고 있는 바텀(Bottom)에게 반하게 된다. 한편 디미트리어스를 쫓아 숲까지 달려온 헬레나는 사랑을 고백하지만 그의 마음은 요지부동이다. 이 장면을 본 오베론은 헬레나를 도와주기 위해 디미트리어스의 눈에 꽃즙을 바르라는 명령을 내리지만, 하인은 실수로 라이샌더의 눈에 꽃즙을 바르게 된다. 라이샌더는 헬레나에게 반하고 그녀를 사랑하게 된다. 라이샌더의 구애가 진실이 아니라고 생각하는 헬레나는 그에게 화를 낸다. 한편 디미트리어스까지 꽃즙을 바르게 되고 그마저 헬레나에게 반하고 만다. 얽힌 네 남녀의 사랑은 방향을 잃은 듯 혼돈에 빠진다. 하지만 실수를 깨달은 요정들은 라이샌더가 허미아를, 디미트리어스가 헬레나를 사랑하도록 만들어 상황을 정리한다. 헬레나를 사랑하게 된 디미트리어스는 이지어스에게 가서 허미아와 결혼하지 않을 것임을 확실히 밝힌다. 딸을 디미트리어스와 결혼시킬 명분이 없어진 이지어스는 라이샌더와 허미아의 결혼을 허락한다. 오베론은 티타니아의 눈에 꽃즙을 바른 뒤 깨워서 다시 자신을 사랑하게 만들고 둘은 화해한다.

작품의 의의

『한여름 밤의 꿈』은 매우 복잡한 구조로 이루어져 있다. 일단 인간 주인공들이 살고 있는 도시인 '아테네'라는 무대가 있다. 그리고 이들이 이동한 뒤 본격적인 사건이 벌어지기 시작하는 숲이 있다. 숲은 환상의 공간으로 묘사되고 있다. 이곳은 초자연적인 존재들이 삶을 영위하고 있는 곳이기도 하다. 커플 역시 여럿 등장하기 때문에 복잡함에 일조를 한다. 라이샌더-허미아 커플, 디미트리어스-헬레나 커플, 오베론-티타니아 커플, 티시어스-히폴리타 커플이 그들이다. 특히 앞의 두 커플은 서로의 사랑이 엇갈리고 있어 관객들에게는 즐거움을 주는 요소가 된다. 여러 커플들의 사랑 가운데서도 눈여겨보아야 할 사랑은 바로 요정의 여왕 티타니아와 바텀의 사랑이다. 최상위 인물과 최하위 인물의 사랑으로 규정지어지는 이들의 사랑은 이목을 끌기에 충분하다.

극 중에는 그리스·로마 신화에서 차용한 요소들도 나온다. 바로 꽃이다. 큐피트의 화살로 인해 피었다고 하는 이 꽃은 사건을 복잡하게 만들기도 하고, 사건을 해결하는 실마리가 되기도 한다. 그리스·로마 신화의 내용을 차용하는 것은 당연하다. 인간 주인공들이 살던 곳이 아테네였으니 그리스·로마 신화의 영향을 벗어날 수는 없는 것이다. 아테네가 인간의 세상이라면 숲은 철저하게 요정들에 의해 통제되고 있는 공간이다. 이후 다시 언급하겠지만, 공간 이동을 시킨 뒤 사건을 발전시키고 해결하는 것은 셰익스피어의 극작법 중 하나다.[8] 현대에 와서는 테렌스 맥낼리(Terrence McNally) 같은 극작가들이 이런 방법을 쓰곤 한다.

『한여름 밤의 꿈』은 다양한 등장인물들과 요정들 등 화려한 초자연적 캐릭터들을 보유하고 있기 때문에 쟁쟁한 안무가들의 손에서 발레로 만들어지기도 했다. 발레의 판본은 여러 종류인데 알레산드라 페리(Alessandra Ferri)가 티타니아를 추고, 로베르토 볼레(Roberto Bolle)가 오베론을 춘 조지 발란신(George Balanchine)판 〈한여름 밤의 꿈(A Midsummer Night's Dream, 라 스칼라)〉과 알레산드라 페리가 티타니아를 추고 이단 스티펠(Ethan Stiefel)이 오베론을 춘 프레드릭 애쉬튼(Frederick Ashton)판 〈꿈(The Dream, 아메리칸 발레 씨어터)〉을 추천한다. 대가의 안무로 탄생한 발레에서 댄서들이 요정들의 역할을 수행하는 모습을 보고 있노라면 실제로 요정들이 살아서 날아다니는 것 같은 착각을 불러일으키기도 한다. 특히 오베론은 판토마임으로 유명한 캐릭터이고, 요정의 숲 장면은 다른 발레에도 디벨티스망 (Divertissement)[9]으로 삽입되기도 한다. 이 작품은 바모쉬(Vamos)에 의해 현대적인 안무로 재탄생되기도 했다. 바모쉬는 『로미오와 줄리엣』을 모던 발레로 만들기도 했다. 『한여름 밤의 꿈』에 관심이 있거나 더 깊이 공부할 생각이 있다면 발레를 관람하는 것도 좋은 방법이다.

로미오와 줄리엣(Romeo and Juliet)

나의 적은 당신의 이름뿐입니다.

오, 다른 이름이 되세요.

이름에 무엇이 있는지요?

장미를 다른 이름으로 부른다 해도 달콤한 향이 나잖아요.

T is but thy name that is my enemy …

O, be some other name.

What's in a name? That which we calla rose

By any other name would smell as sweet.

– 『로미오와 줄리엣』 2막 2장 38~44행

셰익스피어를 모르는 사람들도 『로미오와 줄리엣』은 안다.

『로미오와 줄리엣』은 세기를 초월한 사랑의 대명사이며, 가문의 반대를 넘어선 정열적이고 순수한 사랑의 상징이 되었다. 인간의 삶에서 가장 근본적인 주제인 '사랑'을 다루고 있기에 이 작품은 많은 창작물들의 원전이 되고 있다.

간단한 줄거리

이탈리아의 도시 베로나(Veorna)에는 원수로 유명한 두 가문이 있다. 바로 몬태규(Montague) 가문과 캐퓰렛(Capulet) 가문이다. 이들 가문에는 각각 아들 로미오(Romeo)와 딸 줄리엣(Juliet)이 있다. 몬태규 가의 아들 로미오는 자신이 사랑하는 로잘린(Rosalind, Rosaline)과의 이별 때문에 괴로워한다. 로미오의 친구들은 로미오에게 캐퓰렛 가의 가면무도회에 참석할 것을 권유한다. 사실 이것은 굉장한 모험이다. 두 가문의 적개심이 너무나 강해서 어디에서라도 마주치면 싸움이 일어날 정도이기 때문이다. 하지만 가면무도회이니 충분히 신분을 속일 수 있다는 생각에 로미오와 그의 장난기 많은 친구들은 캐퓰렛 가 무도회에 숨어든다.

이 무도회에서 로미오는 운명적인 사랑 줄리엣을 마주하게 된다. 로미오와 줄리엣은 첫눈에 서로에게 반하고 함께 춤을 춘다. 로미오는 로잘린을 까맣게 잊어버린다. 그는 자신이 반한 상대가 원수의 가문 캐퓰렛의 딸이라는 사실을 알게 된다. 하지만 로미오는 줄리엣을 보고 느낀 설렘을 잊을 수 없었기에 그날 밤 줄리엣의 집에 잠입한다. 때마침 줄리엣은 발코니에 나와 하늘을 보며 로미오에 대한 사랑을 고백하게 된다. 결국 두 사람은 발코니에서의 짧은 만남 속에 서로의 사랑을 확인한다.

줄리엣이 사랑에 빠진 것을 알고 있는 유모(Nurse)는 그들의 사랑을 돕고, 결국 두 연인의 비밀 결혼식을 준비해 준다. 한편 티발트(Tybalt) 일행과 로미오 일행이 마주친다. 티발트는 줄리엣의 사촌 오빠로 캐퓰렛 가문의 차세대 수장이다. 로미오의 만류에도 불구하고 머큐쇼(Mercutio)와 티발트는 대결하고, 머큐쇼는 결국 티발트의 손에 죽음을 맞는다. 로미오는 티발트가 줄리엣의 사촌일지라도 자신의 가장 친한 친구를 죽인 데 대해 분노하며 티발트를 죽인다. 로미오는 티발트를 죽인 죗값으로 추방령을 선고 받는다.

줄리엣은 한밤중에 몰래 찾아 온 로미오와 함께 첫 밤을 보낸다. 하지만 다음날 새벽 로미오는 떠나야만 한다. 두 연인은 애절함만을 남긴 채 헤어진다. 로미오가 떠나고 줄리엣은 홀로 남는다. 캐퓰렛 가문에서는 줄리엣을 파리스(Paris)와 결혼시키기 위한 준비가 한창이다. 줄리엣은 파리스와의 결혼을 거부하기 위해 결혼식 주례를 서주었던 신부(Friar Laurence)를 찾아가 가사(假死) 상태에 이르는 약을 구한다. 줄리엣은 약을 마신 뒤 잠이 들고, 그녀가 죽은 것으로 생각한 캐퓰렛 가문에서는 줄리엣의 장례를 치른다. 결혼식 대신 장례식을 올리게 되었으니 캐퓰렛 가문의 침통함은 이루 말할 수 없다. 한편 로미오에게 전해지기로 예정되었던 줄리엣의 편지는 전해지지 않는다. 줄리엣이 가사 상태에 빠진 것이라는 사실을 알지 못한 로미오는 슬퍼하면서 몰래 베로나에 숨어든다. 그는 줄리엣의 무덤가를 찾아가 그녀의 죽음을 애도하며 자살한다. 간발의 차이로 잠에서 깨어난 줄리엣은 자신의 옆에 죽어 있는 로미오를 보고 역시 자살하고 만다. 이후 영주의 개입 하에 양 가문은 화해를 이룬다.

작품의 의의

『로미오와 줄리엣』은 셰익스피어 본인의 순수 창작물은 아니다. 베로나에 떠돌고 있던 어린 연인들의 가슴 아픈 사랑 이야기가 셰익스피어의 손을 거쳐 『로미오와 줄리엣』으로 탄생하게 된 것이다. 비슷한 스토리는 이전에도 이후에도 여럿 존재했다. 예를 들어 월터 스콧 경(Sir. Walter Scott)은 실제 사건에서 영향을 받아 『람메르무어의 루치아(Lucia di Lammermoor)』라는 작품을 썼는데, 이 작품은 스코틀랜드의 『로미오와 줄리엣』이라는 평을 받고 있다. 『로미오와 줄리엣』이 여러 작곡가들에게 영감을 주어 오페라로 만들어진 것처럼 『람메르무어의 루치아』도 가에타노 도니체티(Gaetano Donizetti)에 의해 동명의 오페라로 제작되었고, 벨 칸토 오페라(Bel Canto Opera)[10] 최고의 작품 중 하나로 평가받게 된다.

로미오와 줄리엣의 사랑이 후세에 많은 영감을 준 것은 에로스(Eros)와 타나토스(Thanatos)가 함께 존재하는 작품이기 때문이다. 아름다운 것을 보고 사랑을 느끼는 감정을 '에로스'라고 한다면, 그 대상을 위해 자신을 버릴 정도가 되는 것, 즉 자신은 죽고 전적으로 상대방을 위하게 되는 것을 '타나토스'라고 할 수 있다. 간단히 말해 에로스는 '삶과 사랑, 성(性)'을, 타나토스는 '죽음'을 의미한다. 로미오와 줄리엣의 사랑은 죽음으로 끝을 맺었고, 그런 이유 때문인지 낭만주의 시대의 많은 예술가들에게 영향을 끼쳤다.

그럼 셰익스피어 시대의 관객들은 연극 『로미오와 줄리엣』을 보고 어떤 생각을 했을까? 그들 역시 어린 연인들의 사랑 이야기에 감동하고 가슴 아파했을 것이다. 하지만 한 가지 주목할 점이 있다. 우리는 작품에 등장하는 로미오와 줄리엣의 나이를 살펴봐야 한다. 줄리엣은 1막 2장에 명시되어 있듯 '열네 살을 넘기지 않은(She hath not seen the change of fourteen years)' 매우 어린 나이다. 때문에 줄리엣은 12~14세, 로미오는 14~16세였다는 설이 지배적이다. 즉, 로미오와 줄리엣은 어린 나이에 부모의 허락 없이 결혼을 하고 밤을 함께 보내고 결국 함께 죽음을 맞은 것이다. 셰익스피어가 살던 당시 결혼 적령기는 20대 초중반이었던 것으로 기록되어 있다. 그렇다면 연극을 본 당대 사람들의 생각은 어땠을지 자명하다. 그들은 『로미오와 줄리엣』의 슬픈 사랑에 가슴 아파하면서도 어린 소년 소녀들의 방종을 염려했다. 결혼이라는 것은 자신과 배우자를 책임질 수 있는 성숙함을 갖춘 성인들 사이에서 행해져야 한다. 그럼에도 불구하고 로미오와 줄리엣은 양가 부모를 속이고 여기에 신부와 유모까지 끌어들인다. 두 사람의 사랑은 주변인을 희생시키기도 한다. 이런 연유로 셰익스피어 시대에 이 작품을 관람한 관객들은 어린 연인들의 방종을 유의해야 한다는 분위기가 형성되었을 것이라는 의견이 지배적이다. 현재의 학자들은 『로미오와 줄리엣』의 교육적인 측면에 대한 연구를 진행하기도 하며, 작품 속의 서브 캐릭터들인 티발트나 머큐쇼, 유모, 파리스에 관한 연구 역시 활발한 편이다.

템페스트(The Tempest)

> 이 쉬운 작업을 나는 쉽지 않게 만들리라.
> 지나치게 가벼운 승리는
> 상급도 가볍게 만드는 법이다.
> But this Swift business
> I must uneasy make, lest too light winning
> Make the prize light.
>
> – 『템페스트』 1막 2장 451~454행

『템페스트』는 셰익스피어의 작가관이 두드러진 작품으로 손꼽힌다. 『템페스트』에 등장하는 상징적인 인물들은 많은 논란을 가져온 바 있으며 현재도 그 논란은 계속되고 있다.

간단한 줄거리

나폴리의 왕 알론소(Alonso) 일행을 태운 배가 어느 섬 근방을 지나갈 때 갑자기 태풍이 불어 난파하게 된다. 그러나 이 태풍은 자연적인 것이 아니라 프로스페로(Prospero)라는 마법사의 주문에 의해 일어난 현상이었다. 프로스페로는 12년 전 밀라노의 공작으로 세도 있는 정치가였다. 그는 학문을 좋아해 정치는 동생 안토니오(Antonio)에게 맡기고 자신은 독서에 몰두했다. 그러자 야심가인 안토니오는 프로스페로의 자리를 빼앗는다. 반역자들은 프로스페로와 당시 두 살이었던 그의 딸 미란다(Miranda)를 작은 배에 태워 바다에 띄워 보낸다. 프로스페로는 한 섬에 도착해 마녀 시코락스(Sycorax)를 타도하고, 요정 에어리얼(Ariel)과 마녀의 아들 캘리번(Caliban) 등을 부하로 거느리며 섬을 지배해 왔다.

그런데 원수를 태운 배가 섬 근방을 지나간다는 사실을 알고 복수를 하기 위해 프로스페로가 배를 섬으로 끌어온 것이다. 왕의 일행은 흩어져 섬에 오른다. 뿔뿔이 흩어진 그들은 각각 자신들만이 살아남았다고 생각하게 된다. 나폴리 왕의 아들 퍼디난드(Ferdinand)는 홀로 섬에 올라가 미란다와 만나게 된다. 미란다는 아버지 외의 사람을 본 일이 없기에 젊고 아름다운 퍼디난드의 모습을 보고 반한다. 퍼디난드 역시 사경을 헤매며 난파된 섬에서 아름다운 아가씨를 만나게 되자 곧 사랑에 빠진다.

나폴리 왕과 그 측근은 한 패가 되어 상륙했는데, 왕의 동생 세바스찬(Sebastian)과 프로스페로에게 반역해 밀라노의 공작이 된 안토니오 이외에는 모두 잠이 든다. 이 와중에 안토니오는 세바스찬을 충동질해 국왕을 살해하려 한다. 퍼디난드의 생사를 확인할 수 없게 된데다 후계자가 될 가능성이 있는 사람은 멀리 튜니스로 출가한 왕의 딸뿐이라는 사실을 계산한 것이다. 왕을 살해하려는 순간, 에어리얼의 제재로 반역은 미수로 끝나게 된다.

프로스페로의 암굴 앞에 모이게 된 궁정인들 앞에 프로스페로가 모습을 드러내고 그들에게 죄를 묻는다. 반면 충신 곤잘로(Gonsalo)에게는 감사의 말을 전한다. 나폴리의 왕은 사랑하는 아들을 잃었다고 슬퍼한다. 프로스페로는 암굴의 문을 열어 보인다. 그 안에서는 젊은 남녀가 정답게 체스 놀이를 하고 있다. 나폴리 왕과 퍼디난드 부자는 기쁨 속에 재회하게 되고, 미란다는 한꺼번에 많은 수의 인간을 보게 되자 놀라워한다. 미란다와 퍼디난드의 사랑으로 오랜 앙숙관계는 해소되고, 원수들을 용서하기로 한 프로스페로는 떠난다.

작품의 의의

『템페스트』는 얼핏 보기에 마법사의 능력 안에서 오랜 앙숙관계를 해소하는 흥미 위주의 극처럼 보일 수 있다. 하지만 『템페스트』 안에는 복잡한 문제들이 존재한다. 그것은 인물들과 배경에 관한 것이다.

프로스페로의 경우, 셰익스피어 자신을 의미한다는 학설이 지배적이다. 프로스페로가 펼치는 마법의 세계는 셰익스피어가 만드는 작품세계를 의미하는 것이며, 그가 마술세계 안에서 조종하는 인물들은 셰익스피어가 창조해 낸 등장인물들이라는 주장이다. 또 마지막 부분에서 프로스페로가 모든 것을 뒤로 하고 떠나는 장면도 곧 창작의 세계를 떠날 준비를 하는 셰익스피어 자신의 모습이라는 의견이 강하다. 하지만 한편에서는 프로스페로가 실존인물인 존 디(John Dee)로부터 영감을 받아 창조된 캐릭터라는 주장도 나온다. 존 디는 16세기에 마술사, 천문학자, 연금술사, 스파이로 활동했다. 그는 프랑스에 유클리드 기하학을 소개하면서 유명해졌으며 엘리자베스 1세 여왕의 보좌관 역할도 했다. 여왕과 대화하기 위해 쓴 암호가 바로 그 유명한 '007'인데, 후에 작가 이안 플레밍(Ian Fleming)은 여기에서 영감을 받아 007 제임스 본드(James Bond)를 탄생시킨다.[11] 2011년 7월, 영국 록그룹 블러(Blur) 출신의 데이먼 알반(Damon Albarn)과 연출가 루퍼스 노리스(Rufus Norris)가 존 디를 모델로 한 오페라 〈닥터 디(Dr. Dee)〉를 프로듀싱, 맨체스터의 팰리스 극장(Palace Theatre)에서 선보이기도 했다. 또 다른 의견으로 프로스페로가 미대륙을 침략한 유럽인 세력을 의미한다는 분석이다. 즉, 식민지배 담론을 말한다.

『템페스트』가 버뮤다에서 난파된 영국 배에 관한 윌리엄 스트레이치(William Strachey)의 작품 『토마스 게이츠 경의 난파와 탈출기록(A True Repertory of the Wrack and Redemption of Sir Thomas Gates Knight)』[12]이라는 책에서 힌트를 얻어 쓰였다는 의견도 있다. 극 중에서 프로스페로는 캘리번이라는 야만족을 노예로 부린다. 캘리번에 따르면 자신과 어머니가 살던 이 섬에 프로스페로가 왔고, 프로스페로가 좋아서 섬의 이곳저곳을 모두 보여주었다고 한다. 그런데 섬에 대한 정황을 파악한 프로스페로는 오히려 섬을 점령하고, 섬의 왕자와 같은 존재였던 캘리번을 노예로 만든 것이다. 이는 전형적인 식민지배를 상징한다. 하지만 이 작품에서 캘리번과 프로스페로의 관계를 통해 보이는 셰익스피어의 식민지배에 대한 관점은 애매모호한 면이 있는데, 프로스페로가 캘리번의 섬을 지배하지만 결국 본국으로 돌아가기 때문이다. 작품에 드러난 식민지배에 대한 셰익스피어의 모호성은 1611년경까지도 해외 원정 식민화에 대한 희망이 상당히 불안정한 것이었다는 사실을 추측할 수 있게 한다.

　캘리번(Caliban)이라는 이름의 유래에 관해서는 여러 학설이 있으나, 식인종을 의미하는 카니발(Cannibal)의 아나그램(anagram)이라는 견해가 지배적이다. 즉, 식민지배를 받는 곳의 원주민들을 야만족으로 규정하기 위해 사용된 식인종이라는 이미지가 캘리번이라는 캐릭터에 투영되어 있다는 의미다. 물론 셰익스피어가 이런 캐릭터를 만들었다고 해서 그가 식민지배를 찬성했다고 단정 지을 수는 없다. 공연 흥행이 우선이었기 때문에 셰익스피어는 왕족이나 귀족, 평민들의 입맛에도 맞는 다양한 캐릭터들을 창조해내야 했다. 식인종에 관한 이야기는 콜럼버스의 『항해록』, 헤로도토스의 『역사』, 또 마르코폴로의 『동방견문록』에도 언급된다. 하지만 이들이 실제로 식인종을 접한 것인지 아니면 식인하는 모습을 목격한 것인지에 대해서는 의견이 분분하다. 하지만 생각해 보아야 할 것은 캘리번이 자신이 살던 땅을 프로스페로에게 억울하게 빼앗겼다는 사실을 강조한다는 점이다. 얼핏 밉살맞아 보이는 캘리번이라는 캐릭터가 오히려 피해자일 수도 있다는 것이 바로 『템페스트』에 감추어진 비밀이다. 만일 셰익스피어가 식민지배를 찬성했다면 캘리번의 입장에서 억울함을 호소하는 장면을 삽입하지 않았을 수도 있다. 그러나 작품 속에서 캘리번은 확실히 자신의 입장을 밝히고 있으며, 프로스페로가 그를 억압하고 있음이 분명히 드러나 있다. 때문에 식민지배 담론에 대한 셰익스피어의 입장을 알기 위해서는 더 많은 증거자료가 필요하다.

프로스페로를 셰익스피어로 규정하게 되면 상당히 간단하게 분석되는 작품이 바로 『템페스트』다. 하지만 정치 상황과 역사적 사건, 실제 인물들을 투영하면 할수록 복잡하고 다양한 해석이 나오는 것이 바로 『템페스트』이기도 하다. 때문에 많은 연출가들이 『템페스트』로 다양한 시도를 한다. 2010년에는 뛰어난 배우들이 모여서 영화 〈템페스트〉를 찍었다. 감독은 줄리 테이머(Julie Taymor), 캘리번에 자이먼 혼수(Djimon Hounsou), 에어리얼 역에 벤 휘쇼(Ben Whishaw), 미란다는 펠리시티 존스(Felicity Jones), 그리고 프로스페로는 헬렌 미렌(Helen Mirren)이 맡았다. 여성 프로스페로가 탄생한 것이다. 이 정도라면 템페스트에 잠재되어 있는 역량이 무궁무진하다고 해도 좋다. 새로운 템페스트를 경험해 보는 것도 좋지 않을까?

베니스의 상인(Merchant of Venice)

잘못을 저지르지 않는다면 어떤 판결이 두렵겠는가?

What judgment shall I dread, doing no wrong?

– 『베니스의 상인』 4막 1장 89행

간단한 줄거리

부유한 귀족 자제인 바사니오(Bassanio)는 헤픈 씀씀이로 아버지가 남긴 재산을 모두 탕진한다. 그런 그가 벨몬트의 부자 상속녀 포샤(Portia)에게 청혼하려 한다. 포샤에게 가고 싶으나 돈이 없는 바사니오는 친구인 안토니오(Antonio)에게 도움을 청하는데, 마침 안토니오의 배가 들어오지 않은 참이라 안토니오 역시 돈이 없다. 안토니오는 친구의 부탁을 거절할 수 없어 유태인 샤일록(Shylock)으로부터 돈을 빌리기로 한다. 샤일록은 대금업을 하는데 인성이 좋지 않아 사람들은 도움이 필요할 때 안토니오를 찾았다. 이렇다 보니 샤일록은 장사가 잘 되지 않는 상황이었다. 평소에 증오하던 안토니오가 도움을 청하러 오자 이것을 기회라고 생각한 샤일록은 잔인한 계약을 제안한다. 계약의 내용은 3개월 안에 빌린 돈을 갚지 못할 경우, 안토니오의 살 1파운드를 떼어내겠다는 것으로 사실상 안토니오를 죽이는 것이 샤일록의 계획이었다.

말도 안 되는 계약의 내용을 들은 바사니오는 거절하지만 안토니오는 오직 친구를 위해 위험을 무릅쓰기로 한다. 돈이 생긴 바사니오는 그라시아노(Gratiano)를 대동하고 벨몬트로 향한다. 수많은 구혼자가 있지만 포샤는 자신이 낸 시험을 통과한 바사니오의 청혼을 승낙한다. 포샤는 바사니오에게 반지를 주면서 '반지를 빼지 말 것'을 당부한다. 더불어 그라시아노도 포샤의 시녀 네리사(Nerissa)와 결혼하게 된다. 그런데 베니스에서는 안토니오의 배가 침몰했다는 흉흉한 소문이 돌고 있다. 안토니오가 샤일록에게 부당한 조건으로 돈을 빌렸다는 사실을 아는 사람들이 돈을 갚아주겠다고 하지만 샤일록은 모두거절한다. 3개월의 시간이 지나고 샤일록은 안토니오의 살을베어가기 위해 찾아온다. 안토니오는 바사니오에게 편지를 보낸다. 포샤는 사정을 묻게 되고, 바사니오는 그동안의 일을 포샤에게 설명한다. 바사니오는 베니스로 향하고 포샤도 비밀스레베니스로 향한다.

　포샤에게는 법학자인 친척 벨라리오가 있어 그에게 도움을청한다. 재판 당일 포샤는 변장한 채 재판을 담당하게 되고, 샤일록에게 안토니오를 용서하라고 하지만 샤일록은 막무가내다. 결국 샤일록은 안토니오의 살을 베는 것으로 결정한다. 그런데샤일록이 살을 베려는 순간, 변장한 포샤가 명령하기를 '살을베는 것은 계약 조건에 있으나 피를 흘리는 것은 안 된다'고 하여 샤일록은 안토니오의 살을 벨 수 없게 된다. 또 포샤는 샤일록의 재산을 몰수하는 벌을 내린다. 샤일록은 억울함을 호소하지만 소용이 없다.

　안토니오와 바사니오는 포샤에게 감사의 표시를 하고 싶어

하는데 그녀가 요구하는 것은 자신이 바사니오에게 준 반지였다. 바사니오는 거절하지만 친구를 살려준 고마움을 무시할 수 없어 결국 반지를 내주고 만다. 바사니오는 안토니오와 함께 벨몬트로 간다. 바사니오는 반지에 대해 포샤에게 털어 놓고 포샤는 새 반지를 주겠다고 한다. 그런데 포샤가 내민 반지는 바사니오가 젊고 명석한 판관에게 준 그 반지가 아닌가! 결국 이들은 기분 좋게 화해하고, 때마침 실종된 것으로 여겨졌던 안토니오의 배 역시 무사히 도착했다는 소식을 전해 듣게 된다.

작품의 의의

명판결을 내린 것처럼 보이는 포샤. 하지만 그녀의 판결이 과연 정당한 것일까? 포샤는 분명 명석한 두뇌를 가진 여성임에 틀림없다. 그러나 그녀가 한 행위들은 결코 도덕적이지 못하다. 우선 포샤는 재판관으로 '변장'을 하고 판결을 내린다. 벨라리오가 그녀에게 권한을 위임했다고 하지만, 그는 포샤의 친척이 아니던가? 또 포샤는 '박사'라고 소개된다. 이는 월권행위이며 일종의 사기로 법에 순응하는 시민들을 우롱하는 처사다. 게다가 그녀의 남편은 안토니오의 가장 친한 친구인 바사니오다. 애초부터 포샤의 판결 방향은 결정되어 있던 것이나 다름없다. '피를 흘리는 것은 안 된다'라는 판결을 내릴 때까지만 해도 그녀의 번뜩이는 기지에 감탄할만하지만, 샤일록의 재산을 몰수한다든가 그의 목숨마저 타인에게 의탁하게 하는 처사는 부당하다는 의견이 많다. 비록 샤일록이 안토니오의 목숨을 빼앗고

자 하는 불순한 의도를 품고 있었다고 해도 포샤의 판결은 시작부터 정당하지 못했기 때문이다.

셰익스피어가 살던 시대에는 유태인에 대한 박해가 공공연했다. 샤일록이 돈에 집착하는 것은 돈을 박해와 차별을 견뎌내기 위한 수단으로 생각했기 때문이라고 볼 수도 있다. 하지만 샤일록이라는 캐릭터는 '돈만 밝히는 유태인'이라는 이미지의 고정화를 가져오기도 했다. 1290년 에드워드 1세 시절부터 유태인에 대한 차별 역시 암묵적으로 허락된 것이었다. 초기 영국은 다민족 사회였다고 해도 과언이 아니었는데, 그 이유는 12~13세기 이래로 카톨릭 국가로부터 온 프로테스탄트 난민들이 들어오곤 했기 때문이다. 이런 이민자들을 향한 태도는 여러 종류였다. 정부는 외국인들이나 종교적 난민들의 세금을 조종하고, 시민권 획득을 압박하기도 했으며 경우에 따라 이들의 축출을 명령하기도 했다. 실제로 엘리자베스 1세 여왕은 '너무 많은 검은 피부의 사람들'이 들어왔고, 영국인들의 직업과 자원을 소비한다고 발표한 일도 있다. 그녀는 소수의 흑인들을 스페인으로 강제 추방하거나 그곳에 잡혀 있는 영국인 죄수들과 교환하기도 했다. 이런 사회적 배경을 바탕으로 16~17세기에 걸쳐 종교적, 사회적, 정치적, 문화적 스테레오 타입이 생겨났다. 영국의 연극 무대에서 유태인은 인기 있는 캐릭터였는데 주로 탐욕스럽고, 남을 갈취하고, 살인을 일삼는 사람으로 묘사된다. 샤일록(Shylock) 역시 '스테이지 유태인(stage Jew)'[13]으로 이미지가 고정된다. 샤일록이 유태인이기 때문에 베니스에서

정당한 법의 판결을 받지 못한다고 해도 과언이 아니다.

판결을 내리는 순간에도 포샤는 샤일록이 '외국인'임을 확실히 하고 있다. 때문에 이 연극을 통해 우리는 여러 가지 추측을 해볼 수 있다. 셰익스피어 역시 유태인을 차별했을 수 있다는 것, 그렇지 않으면 단순히 관객의 즐거움을 위해 샤일록이라는 희대의 악마적인 유태인을 탄생시켰다는 것이다. 하지만 가장 유능하고 완벽해 보이는 캐릭터인 포샤는 사실 법관을 사칭했고, 그녀의 남편인 바사니오는 착하고 충직하긴 하나 부친의 재산을 모두 탕진한 한량 귀족에 불과하다. 이런 면에서 셰익스피어가 비꼬려고 했던 캐릭터가 과연 샤일록이었는지 의문을 가질 필요가 있다. 셰익스피어의 다른 작품들과 마찬가지로 『베니스의 상인』 역시 한 가지 측면으로 확정해서 논의할 수 없는 복잡 다양한 양상을 보인다.

겨울 이야기(Winter's Tale)

> 결백함은 모함을 부끄럽게 할 것이고,
> 포악함은 인내심 안에 떨 것입니다.
> Innocence shall make
> False accusation blush, and tyranny
> Tremble at patience.
> — 『겨울 이야기』 3막 2장 28~30행

간단한 줄거리

시칠리아의 왕 레온테스(Leontes)에게는 아름다운 아내 허마이오니(Hermione)가 있다. 그들은 슬하에 마밀리우스(Mamillius)라는 아들을 두고 있는 행복한 부부다. 그런데 레온테스의 어린 시절 죽마고우인 보헤미아의 왕 폴릭세넥스(Polixenes)가 오면서 행복에 균열이 생기기 시작한다. 레온테스는 폴릭세넥스와 허마이오니의 관계를 의심한다. 결국 부하인 카밀로(Camillo)에게 폴릭세넥스를 죽이라는 명령을 내리지만, 카밀로는 도리어 폴릭세네스를 보호해 보헤미아로 떠난다. 이로 인해 레온테스의 의심과 분노는 폭발하고 만다.

레온테스는 허마이오니를 가두고, 마밀리우스가 자신의 아들이 아닐 수 있다는 의심까지 한다. 마밀리우스의 존재마저도 의심하는 레온테스가 뱃속 아이의 아버지를 두고 의심한 것은 당연하다. 결국 레온테스는 안티고누스(Antiginus)를 시켜 새로 태어난 딸아이를 버리라는 명령을 한다. 허마이오니는 부당한 재판 도중 마밀리우스의 사망 소식을 전해 듣게 되고, 이로 인해 실신한다. 가엾은 마밀리우스는 심한 마음고생으로 죽은 것이다. 왕비를 돌보던 폴리나(Paulina)는 레온테스에게 왕비가 사망했음을 알리고, 레온테스는 뒤늦은 후회를 한다.

한편 안티고누스는 허마이오니의 어린 딸을 데리고 도착한 해변에서 곰에게 습격당한다. 해변에 홀로 남은 어린 아이는 양치기의 손에 구출되고 아름다운 아가씨로 자라난다. 그곳은 보헤미아였고, 폴릭세네스 왕이 다스리고 있었다. 아름다운 처녀로 자란 허마이오니의 딸은 퍼디타(Perdita)라는 이름으로 불린다. 그리고 플로리젤(Florizel)이라는 애인을 두고 있다. 사실 플로리젤은 폴릭세네스의 아들로 이곳의 왕자다. 폴릭세네스는 아들에게 변화가 일어났음을 알아채고 그를 염탐한다. 그러나 아들이 양치기 소녀와 사랑에 빠졌다는 사실을 알고 분노한다. 폴릭세네스의 분노가 심상치 않음을 알게 된 카밀로는 폴릭세네스를 피해 플로리젤과 퍼디타, 그녀의 양치기 아버지를 시칠리아로 보낸다.

모든 것을 잃고 혼자 남아 있던 레온테스는 자신의 과오를 뉘우친다. 그는 플로리젤과 허마이오니를 쏙 빼닮은 퍼디타를 맞아들인다. 이어 그 자리에 폴리나가 나타나고 퍼디타를 목격한다. 양치기는 퍼디타를 발견했을 당시 입혀져 있던 옷과 보석 등을 내놓는다. 이로 인해 퍼디타가 레온테스의 딸임이 증명된다. 폴리나는 레온테스의 잃었던 딸이 돌아왔음을 알게 되자 레온테스를 데리고 어딘가로 향한다. 그곳에는 동상이 하나 서 있다. 동상은 허마이오니와 너무나 닮아 있다. 그런데 동상이 움직이는 것이 아닌가? 그것은 동상이 아니라 살아있는 허마이오니였고 그들은 감격의 상봉을 한다. 마침 폴릭세네스도 카밀로 일행을 따라 시칠리아로 오게 되어 모두가 모인 가운데 기쁨의 화해를 이룬다.

작품의 의의

셰익스피어가 질투에 눈먼 남편에 대한 이야기를 쓰는 것은

『오델로』에서만이 아니다. 그는 이 작품 『겨울 이야기』에서도 질투에 눈 먼 남편, 희생되는 아내의 모습을 그린다. 하지만 『오델로』의 데스데모나와 달리 허마이오니는 살아있다.

동화에나 등장할 법한 이 작품 속 이야기는 여러 예술가들에게 영감을 불러일으켰고 현대물로 제작되기도 했다. 프랑스의 거장 에릭 로메르(Eric Rohmer) 감독의 영화 〈겨울 이야기(Conte D'Hiver)〉가 바로 그것이다. 셰익스피어의 『겨울 이야기』를 모티프로 한 이 작품은 사소한 실수로 헤어진 연인의 이야기를 다루고 있다. 여자 주인공 펠리시(Felicie)는 여행지에서 만나 사랑하게 된 샤를(Charles)에게 실수로 잘못된 주소를 주게 된다. 결국 두 사람의 연락은 끊어진다. 뒤늦게 펠리시는 자신이 샤를의 아이를 임신했다는 사실을 알게 된다. 그녀는 아이를 낳고 일리스(Elise)라고 이름 붙인 뒤 홀로 키운다. 아름다운 펠리시를 향해 다가오는 남자들의 손길이 있지만, 그녀는 언젠가 아이의 아빠와 만나게 될 것을 믿고 있다. 결국 5년여의 세월이 흐른 어느 겨울, 샤를과 펠리시, 일리스는 재회한다. 펠리시의 고집스런 사랑이 결실을 맺게 되는 것이다.

로메르 감독은 자신이 셰익스피어의 작품에서 영감을 받았다는 것, 자신의 영화가 셰익스피어 작품의 현대적 해석이라는 사실을 숨기지 않는다. 그는 심지어 자신의 영화에서 셰익스피어의 『겨울 이야기』를 극중극 형태로 삽입한다. 영화 〈겨울 이야기〉는 비극적 요소를 갖추었으나 희극적인 결말을 맞는다. 로메르 감독은 자신의 영화에 대가의 동명 연극을 그대로 삽입함으로써 남녀 주인공이 곧 행복한 재회를 하게 될 것임을 암시한다.

앞에서도 잠시 언급한 바 있으나 공간의 이동으로 인해 생기는 사건과 그것의 결말과 같은 요소 역시 셰익스피어의 전형적인 기법이다. 샤를과 펠리시의 만남이 이루어졌던 곳, 그곳은 두 사람의 사랑만이 존재하는 이상향의 세계지만, 실제로 펠리시가 생활하는 장소는 아니다. 아름다운 바닷가에서 만나 사랑을 나누었던 두 남녀가 각각 자신들의 현실로 돌아가 긴 시간을 보낸 후 재회하는 것이다.

이 영화는 마음을 행복하게 만드는 사랑 이야기다. 하지만 무조건적인 기쁨의 연속은 아니다. 고행 같은 시간을 견뎌내는 펠리시는 허마이오니를 많이 닮아 있다. 그렇지만 결말은 해피엔딩이다. 고난의 시간이 있었기에 기쁨이 더욱 큰 것이다. 셰익스피어의 『겨울 이야기』에는 그리스·로마 신화적인 요소가 종종 등장한다. 이런 요소들로 인해 연극은 동화적인 분위기와 현실이 맞물리면서 마치 허마이오니가 긴 겨울잠에서 깨어나 새 생명을 얻은 것 같은 느낌을 받게 한다.

소네트(Sonnet)

셰익스피어가 극작가이며 연극인(theatre man)인 것은 확실하다. 하지만 그가 연극 대본만 쓴 것은 아니다. 그는 굉장한 재능을 가진 시인이기도 했고, 시대를 대표하는 문장가이기도 했다. 그는 소네트[14]를 남겼는데, 그가 남긴 154편의 소네트는 셰익스피어를 둘러싼 미스터리를 생산해내기도 한다. 소네트 상에서 그는 남색(男色)을 즐겼던 흔적이 있으며 그의 연인이 흑인이었다는 정황도 있다. 물론 셰익스피어 시대 남성들의 우정은 현대의 그것과는 매우 달라서 공공연하게 애정표현을 하기도 했고, 때로는 존경의 표현이나 우정의 표현을 과하게 하는 경우도 있었다. 그의 연인이 흑인이었다는 증거로 꼽히는 '다크 레이디(Dark Lady)'라는 표현만으로 피부색이 검다는 사실을 묘사한다고 확증하긴 어렵다는 의견들도 있다. '다크'라는 개념이 상당히 추상적이어서 때로는 한 인물의 성격을 묘사했다고 볼 수도 있기 때문이다. 그러나 소네트 127번에서 152번까지 등장하는 그녀에 대한 묘사가 외모에 관한 것임이 드러나 있기에 특별히 반대할만한 증거가 도출되기 전까지는 다크 레이디가 흑인 여성이라는 추측에 무게가 실릴 것이다.

소네트는 심오한 깊이와 우아한 분위기를 느낄 수 있는 문학 작품이다. 또한 소네트를 통해서 셰익스피어의 감춰졌던 단면을 볼 수도 있다. 하지만 그런 소네트의 가치에도 불구하고 셰익스피어의 희곡 작품들에 비해 주목을 덜 받고 있는 것이 사실이다. 현재 소네트는 주로 학자들의 연구 텍스트로 이용되고 있으나, 실제 셰익스피어의 소네트를 읽어보면 대중적으로도 어필할 수 있는 아름다움 또한 지니고 있음을 알 수 있다.

셰익스피어가 그린 인물들

셰익스피어의 등장인물들이 현대에 와서도 많은 캐릭터들의 모티프가 되고 있다는 것은 그의 작품 속 인물들이 강한 생명력을 갖고 있다는 증거다. 그의 작품 속 인물들은 대부분의 인간들이 숨기고 싶어 하는 감정을 당당하게 표출하기도 하고, 때로는 혼자 가슴앓이를 하기도 한다.

셰익스피어의 여성들

셰익스피어 작품 속에 등장하는 여자 주인공들의 특징을 살펴보면 그들은 하나같이 도전적이었다. 그들은 아버지나 남편이 조성해 둔 압제적인 가부장에서 벗어나려고 노력했고, 사랑을 위해서라면 기꺼이 목숨을 내놓기도 한다. 유일하게 아버지에게 순종했던 『햄릿』의 오필리어는 결국 미쳐버리고 만다. 이들은 현대적 관점에서 보기에도 매우 독립적이고 개성이 강하다. 셰익스피어가 창조한 대표적인 여성캐릭터들을 살펴보자.

사랑 앞에서는 강한 소녀 – 『로미오와 줄리엣』의 줄리엣

캐퓰렛 가의 딸인 줄리엣은 원수 가문인 몬태규 가의 로미오와 사랑에 빠진다. 그녀에게는 파리스(Paris)라는 상당히 괜찮은 구혼자가 있다. 영화나 만화 또는 연극 등에서 파리스는 로미오와 줄리엣의 사랑을 방해하는 눈치 없는 간섭자의 이미지로 그려진다. 하지만 셰익스피어의 『로미오와 줄리엣』에서 그려진 그의 모습은 다르다. 파리스는 꽤 오랜 기간 동안 줄리엣에게 구애해왔고, 줄리엣이 자라나기까지 인내심을 갖고 기다린 인물이다. 게다가 캐퓰렛 가의 딸에게 청혼을 할 정도라면 파리스의 가문 역시 만만치 않음을 예상할 수 있다.

그렇지만 운명적인 연인들이 늘 그러하듯 줄리엣은 원수의 아들 로미오를 만나 사랑에 빠진다. 줄리엣과 로미오의 사랑은 이성적으로 설명이 불가능한 종류의 것이다. 양쪽 가문의 오랜 앙숙관계의 시초가 무엇인지 과연 이들은 알고 있을까? 그저 두 가문이 오랜 원수 관계에 있다는 사실 외에 이 어린 연인들이 서로에 대해 알고 있는 것은 많지 않다. 그런 그들에게 '원수 가문'이라는 개념은 크게 와 닿지도 않았을 것이다.

셰익스피어는 운명적으로 만나는 장면을 연출하기 위해 파티 장면을 삽입한다. 그리고 그곳에 로미오를 침투시킨다. 로미오와 줄리엣이 서로의 정체를 알아보지 못했다는 것은 양 가문이 얼마나 철저히 자제들의 접촉을 차단해 왔는가에 대한 답이 된다. 극 중에서 가문의 수장이 가진 권위는 절대적이다. 하지만 줄리엣은 이를 거부한다. 어린 소녀에 불과했던 그녀를 용감하게 변모시킨 요인은 로미오라는 이름의 사랑이다. 캐퓰렛 가의 차세대 리더 격인 티발트는 로미오의 등장에 격분한다.

줄리엣은 아버지의 명령에 따라 파리스와 결혼해야 했지만 그런 규율을 간단히 무시한다. 그녀는 캐퓰렛 경의 가부장에서 파리스의 가부장으로 인형처럼 옮겨지는 삶을 거부하듯 로미오와 교묘한 사랑의 밀담을 주고받는다. 이는 어린 소녀에게서 흔히 볼 수 없는 대담한 면이다. 파리스에게는 부정적이고 소극적인 면만 보이던 줄리엣이지만 로미오에게는 적극적으로 변한다.

결국 줄리엣은 유모와 공모해 신부를 주례로 모시고 로미오와 비밀 결혼식을 올린다. 셰익스피어의 작품에서 줄리엣의 나이는 12~14세 정도로 추정하곤 하는데, 그녀는 지금 생각해 보아도 상당히 어린 나이였음을 알 수 있다. 셰익스피어가 활동했던 시기에 스물 대여섯 살의 결혼 커플이 많았던 점을 생각해 보면, 당시로서도 줄리엣은 지나치게 어린 신부였음이 분명하다. 그럼에도 불구하고 자신의 사촌인 티발트까지 죽인 로미오를 받아들였으니, 이는 정말 놀라운 용기다.

줄리엣의 선택이 어불성설이라고 생각하는 사람들 역시 많을 것이다. 어린 소녀가 원수 가문의 아들을 아버지 몰래 한밤 중에 침실로 불러들인다는 건 상식적으로도 용납하기 어렵다. 그럼에도 불구하고 줄리엣의 이러한 모습은 많은 연인들에게 쾌감을 준다. 반대하는 부모님을 교묘히 속이고, 사회적 통념과 반대되는 사랑을 택하는 소녀. 그리고 그녀의 연인. 이들의 사랑은 전설로 남을만한 훌륭한 러브스토리다.

그렇지만 현재의 로맨틱한 해석과 달리 셰익스피어 시대의 『로미오와 줄리엣』은 교훈적인 측면이 있는 극으로 통했다. 부모님의 반대를 무릅쓰고 부모님을 속이기도 하며 어린 나이에 성적 행동을 겁 없이 치르는 두 연인의 모습은 청소년 문제에 있어 큰 경고를 의미하기 때문이다. 로미오와 줄리엣이 시도하는 용감한 사랑은 '차세대의 죽음'이라는 비극적 결과를 가져온다. 또 어린 청소년들의 문란한 성생활에 대한 경고도 담겨 있다. 고이 키운 딸이 원수의 아들을 불러들여 초야를 치르는 것은 부모의 입장에서는 악몽과 다름없다. 게다가 부모 몰래 결혼을 하고, 가사 상태에 빠지는 약을 먹어 사람들을 속이는 딸이라면 이는 정말 최악이라 할 수 있다.

그럼에도 불구하고 줄리엣의 행동을 합리화시켜 보자면, 줄리엣의 주변이 위험으로 가득 차 있는 점을 들 수 있다. 줄리엣을 둘러싼 이들에게 캐퓰렛이나 몬태규라는 이름의 힘은 절대적이다. 남자들은 언제든 원수 가문과 맞붙어 싸울 준비를 갖추고 있다. 줄리엣은 로미오와 사랑에 빠진 후 주변과 완전히 대립하며 철저히 대적해 나가야 하는 입장에 처한다. 줄리엣의 주변이 '증오'라면 그녀는 '사랑'이기 때문이다. 그녀의 방법이 잘못되었다는 생각이 들 수도 있지만, 권위적인 아버지상인 캐풀렛 경에게 어린 줄리엣은 직접 대항할 수 없었을 것이다. 그렇기 때문에 어린 두 연인은 비밀 결혼을 올리고 비밀의 초야를 치르게 되는 것이다.

줄리엣의 사랑은 다양한 각도에서 분석되어야 한다. 사랑에 빠져 용감하게 행동에 옮기는 그녀. 하지만 부모의 허락 없이 어린 나이에 비밀 결혼을 해 주변을 위험에 빠뜨리는 그녀. 다만 이러한 여러 모순에도 불구하고 이 두 연인의 사랑을 지켜주고픈 생각이 드는 것은, 인간이라면 누구든지 한번쯤 경험해보고픈 운명적 사랑을 이 두 연인이 실행했기 때문일 것이다.

제 정절을 믿어주세요 – 『오델로』의 데스데모나

데스데모나는 『오델로』의 주인공 오델로의 부인이다. 데스데모나는 백인이며 좋은 가문 출신의 아름다운 여성이다. 하지만 그녀는 주변의 기대를 저버리고 오델로를 선택한다. 데스데모나 역시 줄리엣처럼 아버지의 반대에 부딪히지만 오델로와 결혼한다.

셰익스피어의 많은 캐릭터들 중에서도 데스데모나처럼 '선'으로 고정되는 인물은 많지 않다. 그녀는 남편의 출신이나 인종에 상관없이 그를 존중한다. 자신과 남편을 두고 일어나는 끊임없는 잡음에도 초연하다. 이런 면에서 셰익스피어의 다른 여주인공들처럼 사랑 앞에 용감하고 강인한 여성상을 답습한다. 하지만 고결한 그녀는 그렇게도 사랑하던 남편에 의해 죽음을 맞는 비극적인 여인이기도 하다.

오델로가 이아고의 교활한 거짓말에 넘어가 캐시오와 데스데모나의 불륜을 그대로 믿는 것은 데스데모나처럼 아름다운 여성이 무어인이며 타지 출신인 자신을 사랑할 리 없다는 불신에서 비롯된다. 오델로는 데스데모나가 자신과 결혼을 했음에도 불구하고 그녀를 믿지 못한다. 오델로가 이렇게 불안해하는 데는 데스데모나가 자신의 '이야기'에 이끌렸다는 사실 역시 한몫을 한다. 『오델로』의 시대적 배경은 장거리 항해가 유행처럼 번지고 이국에 대한 모험과 신비가 팽배했던 시기다. 곱게 자란 데스데모나는 이국의 장군 오델로가 들려주는 이야기에 흠뻑 취했고, 그를 존경하고 사랑하게 된다. 그리고 결혼한다. 데스데모나는 이런 과정을 자연스럽고 신성한 것이라 여기지만, 오델로의 마음에는 데스데모나가 자신과 결혼한 이유에 대한 끝없는 의문이 존재했다고 해도 과언이 아니다. 때문에 타인에 의해 지펴진 작은 불씨 하나로 고결한 여인을 살해하는 악행에 가담하게 되는 것이다.

너무나 쉽게 이아고에게 조종당하고, 한순간에 데스데모나를 증오하게 되는 오델로의 모습이 더없이 어리석어 보이는 이유는 데스데모나의 한결같은 선한 모습 때문이다. 데스데모나는 남편의 변화에도 불구하고 죽는 순간까지 선함을 잃지 않는다. 이로 인해 오델로의 성격은 더욱 변덕스럽게 비쳐보이게 된다.

『오델로』는 감정의 소용돌이다. 질투와 열등감, 사랑, 증오, 경멸, 존경 등 인간의 격한 감정이 한데 모여 들끓고 있는 용광로인 것이다. 그리고 그런 소용돌이 가운데서 오직 데스데모나만이 고고히 변치 않는 자태를 간직하고 있다. 그녀는 결백을 주장하지만 이미 의심이 확신으로 굳어져버린 오델로의 귀에는 들어오지 않는다. 결국 데스데모나는 죽고, 그 후에야 오델로는 그녀의 정절과 고결함, 그리고 그에게만 향하고 있던 고귀한 사랑을 깨닫는다.

당신은 너무나 유약해 – 『맥베스』의 레이디 맥베스

셰익스피어가 창조해 낸 여성 인물 중 최악의 여인을 고르라면 레이디 맥베스(맥베스의 부인)를 꼽는 사람들이 다수일 것이다. 그런데 '악녀, 악처'라는 별명으로 불리던 그녀가 시대가 변해감에 따라 엇갈린 평을 받고 있다.

레이디 맥베스가 일개 악녀 취급을 받아왔던 데는 극의 구성에서 이유를 찾을 수 있다. 『맥베스』는 극의 전개가 빠르고 교묘한 대사로 일관되어 있는데다가 신비한 존재들까지 등장해 레이디 맥베스라는 인물을 따로 떼어내어 관찰하기가 쉽지 않았다. 게다가 남편에게 살인을 사주하는 부인의 이미지는 너무나 부정적인 것이므로 그녀를 분석해 봐야 '악녀' 또는 '살인마'의 이미지만 더욱 공고히 될 것이라는 선입견도 한몫 했을 것이다.

그러나 그녀가 저지르는 악행의 실마리는 모두 남편 맥베스에게서 비롯되었다는 사실을 간과해서는 안 된다. 그녀에게 마녀들의 예언을 알리는 것은 맥베스다. 마녀들의 예언을 전해 들으니 그녀는 더 이상 움츠릴 필요가 없으며 스스로 왕위를 쟁취해야 한다는 빠른 계산을 한다. 이런 부분 때문에 그녀는 마녀들과 동일시되기도 한다. 물론 레이디 맥베스가 선량한 피해자일 리 없다. 그녀는 남편이 한발 물러설 때 그에게 살인을 더욱 부추긴다. 레이디 맥베스의 성정은 남자 못지않은 야망가다. 일부 학자들은 레이디 맥베스가 철저하게 남편을 위해 범죄를 계획할 뿐, 정작 자신을 위해 살인을 계획하는 것은 아니라고 한다. 하지만 그녀가 남편을 위해 범죄를 부추긴다고 해서 그녀 자신이 권력욕에서 자유로울 수 있을까?

최근 들어 레이디 맥베스에 대한 다양한 시각이 부여되고 있다. 레이디 맥베스의 입장에서 전개되는 작품이 발표되기도 한다. 양심 없는 사람처럼 보이던 레이디 맥베스가 결국 죄책감으로 파멸한다는 사실은 레이디 맥베스가 100% 악으로만 이루어진 인물은 아니라는 것을 증명하는 것이기도 하다. 무엇보다 맥베스 부부는 마녀들의 농간에 의해, 정확히는 야망에 의해 조종당한 유약한 인간 군상이다. 즉, 맥베스와 레이디 맥베스 모두 어쩌면 우리 안에 꼭꼭 감춰둔 본성을 형상화한 캐릭터일 수 있는 것이다.

명석한 두뇌, 막대한 재산, 아름다운 외모를 가진 여인 –
『베니스의 상인』의 포샤

『베니스의 상인』에는 두 명의 남성 주인공(안토니오, 바사니오)
이 등장하지만 그보다 더 매력적인 인물들도 존재한다. 바로 유
태인 샤일록과 아름다운 포샤다. 샤일록이 유태인이라는 특성
과 악역(惡役)이라는 점 때문에 주목을 받고 화제의 인물로 떠
오르는 동안 포샤는 상대적으로 배제되어왔다. 그도 그럴 것이
포샤는 비극의 여주인공이 아니다. 그녀는 엄청난 부자이며 법
관인 사촌이 있는 지배계층 인물이다. 게다가 극의 갈등 상황
에 해결의 실마리를 제공하기도 한다. 포샤의 기능은 마치 데
우스 엑스 마키나(deus ex machina)[15]와도 같다. 그녀가 남성들을
시험하고 변장한 상태로 속임수를 쓰는 모습을 지켜보는 재미
는 있다. 하지만 남성들보다 뛰어난 여성의 모습을 하고 있기
때문에 오히려 의도적으로 무시되어온 경향이 있다. 게다가 그
녀는 너무나 평탄하게 살아온 듯하고, 우수해 보이기까지 한
이미지로 인해 관객들의 동정을 받는 캐릭터가 되는 데도 실패
했다. 때문에 아주 매력적임에도 불구하고 포샤는 논의의 대상
이 되지 못한 것이다.

포샤는 현대적이고 총명하면서도 아름다운 여인이다. 하지
만 거만하지 않고 정의롭다. 그녀는 필요할 때 자신의 능력을
적절히 발휘하기도 하고, 자신이 가진 것을 이용할 줄도 안다.
포샤의 놀라운 점은 사랑하는 사람들에 대한 그녀의 너그러움
과 이해심에 있다. 그녀는 안토니오에 대한 바사니오의 설명을

듣고 곧바로 작전에 돌입한다. 일반적인 여성이라면 바사니오가 안토니오로부터 돈을 빌렸다는 이야기를 듣고 빈털터리 남편에 대해 한번쯤 다시 생각해 보았을 것이다. 그러나 포샤는 자신의 재산과 아름다움, 하인들까지 모두 남편인 바사니오의 것이라 말할 정도로 남편에 대한 절대적인 애정을 드러낸다. 그녀는 줄리엣처럼 몰래 사랑을 속삭이지 않는다. 오히려 공개적으로 바사니오에 대한 애정을 드러낸다. 그녀의 이런 당당함은 현대 여성들에게서도 찾아보기 힘든 자신감이다. 남편감을 고르는 과정에 있어서는 까다로운 그녀지만, 바사니오와 결혼한 후에는 그를 절대적으로 신뢰한다. 그렇기 때문에 그녀는 남편의 친구, 안토니오를 괴롭히는 샤일록을 반대편으로 인식하게 되는 것이다.

사실 포샤가 하는 행동들, 이를테면 판사로 위장한다거나 판결을 내리는 행동 등은 도가 넘은 행위라 할 수 있다. 그녀의 사회적 위치와 엄청난 재력, 연줄 등은 위법적인 행동을 무마시킨다. 그녀의 판결은 안토니오의 입장에서는 명판결이지만 샤일록의 입장에서는 억울하기 짝이 없는 결정이다. 그렇지만 샤일록의 비인간적인 태도를 목격한 관객들은 극이 끝난 후 포샤가 명판결을 내렸다고 생각하게 된다. 그녀의 행동이 위법임에도 이를 우리가 잘 인식할 수 없는 것은 그녀가 지닌 카리스마와 겸손 때문이다. 카리스마와 겸손은 상반된 개념으로 보일 수 있으나 그렇지 않다. 상대방을 압제하는 것은 억압에 지나지 않는다. 카리스마는 오히려 상당한 영향력을 발휘할 수 있음에도 상대방을 위해 자신을 낮출 때 더욱 그 진가를 발휘한다. 포샤는 재판에서 샤일록에게 몇 번의 기회를 준다. 하지만 샤일록은 받아들이지 않는다. 결국 포샤는 샤일록을 패배시키는 판결을 내린다. 하지만 이런 사건을 해결한 후에도 그녀는 거드름을 피우지 않는다. 그녀는 자신의 재산이나 사회적 위치를 떠나 사랑하는 이를 위한 절대적 신뢰와 헌신을 아낌없이 보여준다. 그녀는 남편의 친구를 구하는 것 외에도 남편이 진 빚에 얽힌 사건을 해결함으로써 남편의 명예를 지켜낸다.

제 아무리 연줄이 있고 재산이 많아 정체를 숨기고 재판장에 들어갔다 하더라도 순간적인 기지가 없었다면 안토니오를 구하기는 쉽지 않았을 것이다. 하지만 포샤는 지혜를 사용할 줄 아는 여인이었고 명쾌한 결론을 도출해낸다. 포샤야말로 모든 것을 가진 여인이 아니었을까?

셰익스피어의 남성들

셰익스피어가 창조해낸 여성들에 비해 남성들에 관한 연구는 활발하게 진행되어 왔다. 셰익스피어가 창조한 캐릭터들의 특징은 실제로 있었을 법한 인물들이라는 것이다. 셰익스피어는 당대의 유명귀족이나 자신과 친분이 있던 사람들에게서 사회적 특징을 따오고, 여기에 자신이 생각해 낸 성격을 부합해 등장인물을 창조한 것으로 여겨진다.

사느냐 죽느냐 그것이 문제로다 – 『햄릿』의 햄릿

햄릿을 떠올리면 가장 먼저 생각나는 구절이 바로 '사느냐 죽느냐, 그것이 문제로다'라는 대사다. 영어로는 'To be or not to be, that is the question'으로 표현되는데, 이 구절을 두고 삶과 죽음에의 방황으로 해석할 수 있느냐의 의견이 분분하다. 우리나라에 셰익스피어의 작품이 소개되던 시기에는 영어판을 그대로 한국어로 옮기기보다 일본어 번역판을 한국어로 옮긴 경우가 많았다. 따라서 셰익스피어가 함의했을 다각적인 의미의 대사 전달이 쉽게 이루어지지 않은 게 사실이다. 그런데 그 이후에도 기존의 번역본을 토대로 번역하다보니 햄릿의 대사가 '사느냐 죽느냐, 그것이 문제로다'로 굳어져 버린 것이다. 때문에 최근 학자들 사이에는 이를 삶과 죽음의 경계를 벗어나 존재에 대한 햄릿의 고뇌로 해석하는 경향도 있다. 즉 '존재하는 것인가, 그렇지 않은 것인가'의 시각에서 새로운 해석이 이루어지고 있는 것이다.

햄릿이라는 캐릭터는 서정적인 면이 있고 고뇌하는 인간 남성의 모습을 잘 표현하고 있다. 하지만 클로디어스를 향한 복수의 칼날을 겨누면서도 갈등하는 그의 모습을 두고 햄릿의 우유부단성에 대한 연구가 이루어지기도 했다. 햄릿은 클로디어스를 죽일 수 있는 기회가 있었음에도 클로디어스가 기도를 하고 있을 때 죽이면 혹시 그가 죽어 천국에 갈까봐 복수를 미룬다. 또 오필리어를 향한 사랑에도 불구하고 자신의 세계 안에 갇혀 광인을 연기하는 모습에도 지나친 면이 있다. 거트루드를 향한 증오심 역시 햄릿에 대한 다양한 평가를 낳게 한다. 햄릿은 거트루드가 클로디어스와 너무나 이른 재혼을 하는 것을 두고 대놓고 질타한다. 특히 클로디어스와 거트루드의 성적인 관계를 노골적으로 묘사하기도 한다. 햄릿의 언행은 그를 오이디푸스 콤플렉스를 가진 인물로 분석하게 만든다. 즉, 햄릿이 클로디어스를 혐오하면서도 그를 살해하는 행위를 미루는 것은 햄릿이 자신을 클로디어스에게 투영했기 때문이라는 주장이다.

햄릿이라는 캐릭터의 이러한 특성은 더욱 다양한 연출을 가능하게 한다. 뮤지컬과 같은 음악극의 형태를 띤 장르에서는 그를 슬픔에 싸인 감성적인 왕자로 표현할 수 있다. 선왕의 죽음을 추적하기 위한 햄릿의 수사에 비중을 두면 추리극으로 연출할 수도 있다. 실제로 햄릿은 극 중에서 배우들에게 아버지가 살해당하는 장면을 재현해 클로디어스의 반응을 살피기도 하고, 광인으로 위장해 선왕 살해에 대한 증거를 알아내려 하기도 한다. 햄릿은 광인의 연기를 하는 것이지만 실제로 광기에 휩싸이는 듯한 모호한 면을 보이기도 한다. 이런 측면에서는 심리극으로의 연출도 가능하다. 햄릿이 연기를 하는 광인이나 햄릿이 실제로 광기를 띠었을 때의 모호한 경계는 '삶은 곧 연기일 수 있다'는 셰익스피어의 인생관을 보여주는 장면이기도 하다. 햄릿이라는 인물은 어느 하나로 고정될 수 없는, 넓고 깊은 스펙트럼을 갖고 있다. 어쩌면 이러한 햄릿의 모습이 바로 우리 자신의 모습 아니겠는가?

사람을 조종하는 것은 쉽습니다 – 『오델로』의 이아고

문학 사상 최고의 악역을 꼽을 때 빠지지 않고 언급되는 캐릭터가 바로 이아고다. 이아고는 레이디 맥베스만큼이나 절대적인 악(惡)으로 여겨져 왔는데, 그것은 아마도 오델로와 데스데모나 부부를 파멸로 이끌고 있기 때문일 것이다.

이아고가 악인(惡人)이라는 데는 의심의 여지가 없다. 하지만 이런 이아고에 대한 평가가 다양화되고 있다. 이전에는 무조건 악인으로 분류되던 그에 대한 분석이 세밀하게 나누어지기 시작한 것이다. 과학 수사가 발달하고 있는 요즈음의 사이코패스(Psychopath) 이론은 이아고와 같은 고전 속의 악당을 분석하는 데도 상당한 효과를 제공한다. 1960년대만 해도 사이코패스를 구별하는 기준이 모호했다. 하지만 현대에 접어들면서 사이코패스에 대한 구분은 좀 더 세분화되고 있다. 여러 과학자와 심리학자, 법의관, 법관들이 연구를 통해 얻어낸 결과에 따르면, 사이코패스를 하나의 유형이거나 일반적인 사람들과 전혀 다른 부류라고 구분 짓는 것은 위험하다. 왜냐하면 일반적인 사람들 사이에도 사이코패스와 비슷한 특징을 가진 사람들이 존재하기 때문이다. 따라서 최근에는 사이코패스의 기질과 정도에 따라 등급을 매기는 방식을 사용하기도 한다.

이아고는 사이코패스 연구에 이용할 가치가 있는 캐릭터다. 우선 그는 거짓말을 능숙하게 하고 주변 사람들을 조종할 줄 안다. 그가 던진 작은 불씨는 오델로와 데스데모나의 사랑을 잿더미로 만들어버리는 비극을 가져온다. 여기서 이아고가 이용한 미끼는 바로 '질투'와 그에 따른 '의심'이다. 그는 주변인들의 의중을 읽는 데 천부적인 재능이 있다. 이아고는 오델로가 짐짓 점잖음과 자신감으로 무장하고 있지만 오델로의 마음에는 무어인으로서의 자긍심과 동시에 열등감이 존재한다는 것을 알고 있었다. 겉으로는 오델로에게 깍듯한 척 했지만 오델로를 무어인이라는 이유로 경멸하는 대다수의 백인들과 다르지 않았던 것이다. 이아고는 눈엣가시인 캐시오와 꼭두각시에 불과한 로드리고, 그리고 아내 에밀리아를 적절히 활용하면서 자신의 의도했던 상황을 조성해 나간다.

문제는 오델로의 태도 변화다. 오델로는 이아고로부터 캐시오와 데스데모나의 불륜에 대해 들으면서 격정에 휩싸인다. 이아고의 간계와 오델로의 성격적 결함이 만나 최악의 상황을 도출해내는 것이다. 반면 데스데모나는 평정을 유지한다. 두 사람의 대조는 너무나 첨예한 것이어서 관객들은 이아고의 교활함만큼이나 오델로의 미련함을 비난하게 된다. 캐시오 역시 명석한 듯 보이지만 이아고가 만들어 놓은 덫을 빠져나가기는 쉽지 않다. 그는 상사의 아내를 범한 불온한 부하의 이미지를 고스란히 뒤집어쓴다. 물론 나중에 진실이 밝혀지지만 오델로와 데스데모나의 관계는 이미 파멸된 후다.

이아고에 대한 이미지는 '악역'으로 고정되어 있었기 때문에 일종의 '전형인물(stock character)'처럼 여겨져 왔다. 그렇지만 이제 이아고에 대한 다양한 분석이 속속 등장하고 있다. 꼭 사이코패스 이론이 아니어도 상관없다. 성격분석적인 접근도 좋고 정치적인 접근도 좋다. 이아고는 최악의 인성을 지닌 인물이지만 연구할 가치가 있는 흥미로운 캐릭터임에 틀림없다.

당신을 향한 나의 사랑을 막을 수는 없어요
– 『로미오와 줄리엣』의 로미오

셰익스피어 작품 속의 남성 캐릭터들 중 미모나 매력으로만 봤을 때 세 손가락 안에 드는 캐릭터가 바로 로미오일 것이다. 목숨을 걸고 원수 가문의 딸을 사랑하는 로미오의 모습은 지금도 많은 여성들의 마음을 뜨겁게 울리고 있다. 그의 이런 특징 때문일까? 『로미오와 줄리엣』은 연극뿐만 아니라 뮤지컬과 오페라, 발레 그리고 영화로도 상당한 히트를 기록하고 있다. 특히 영화의 경우 〈로미오와 줄리엣〉이 다시 제작될 때마다 새로운 로미오와 줄리엣의 배역을 어떤 배우가 맡느냐에 대해 영화팬들의 뜨거운 토론이 이루어지기도 한다.

프랑코 제피렐리(Franco Zeffirelli)가 만든 영화 〈로미오와 줄리엣(Romeo and Juliet, 1968)〉에서 스포트라이트는 줄리엣 역을 맡은 올리비아 허씨(Olivia Hussey)가 독차지했다. 그녀는 연기력에서도 빛을 발했지만 특히 외모 면에서 너무나 아름다웠기 때문이다. 이 영화 이후로 줄리엣의 이미지는 허씨로 굳어졌다. 반면 로미오 역의 배우 리오너드 위팅(Leonard Whiting)은 허씨의 아름다움을 돋보이게 하는 정도의 존재였다.

로미오라는 캐릭터가 무한한 가능성을 가졌음을 증명하게 된 계기는 바즈 루어만(Baz Luhrmann) 감독의 〈로미오+줄리엣

(Romeo+Juliet, 1996)〉에서부터다. 이 영화에서 로미오 역을 맡은 레오나르도 디카프리오(Leonardo DiCaprio)는 압도적인 연기를 선보였다. 또 그는 '미모는 줄리엣의 전유물'이라 여겨온 것을 비웃듯 '줄리엣보다 더 아름다운 로미오'를 탄생시켰다. 이때부터 로미오를 향한 관심은 폭발적으로 증가한다.

로미오라는 캐릭터는 분명 제작자 입장에서 상당히 매력적인 캐릭터다. 꼼꼼히 살펴보면 로미오 역시 햄릿만큼이나 다양한 분석이 가능하다. 우선 로미오는 상당한 바람둥이다. 로잘린은 그런 그의 면모를 알아보았을 확률이 높다. 로잘린으로부터 거절당한 로미오는 가슴이 찢어질 듯한 실연의 아픔을 표현한다. 그랬던 그가 줄리엣을 보고 첫눈에 반한다. 물론 이들 두 연인이 운명의 상대를 만났기 때문에 그런 상황이 가능했을지도 모른다. 그렇지만 이성에 대한 로미오의 반응은 너무나 빠르다. 줄리엣에게 반한 로미오에게 이전에 만난 이성들은 아무것도 아닌 존재가 된다.

더욱 재미있는 것은 이런 로미오에 대한 줄리엣의 반응이다. 줄리엣은 발코니에서 로미오에 대한 사랑을 고백하는데, 몰래 숨어 이 장면을 지켜보고 있던 로미오는 줄리엣의 아름다운 모습을 보고 그녀에 대한 사랑을 더욱 굳히게 된다. 이 장면을 두고 우스갯소리로 '줄리엣이 로미오의 이성 관계에 대한 소문을 미리 들어 알고 있었을 것이다. 그래서 로미오가 바라보고 있음을 알면서도 일부러 모르는 척 그의 앞에서 연기한 것이다'라는 추측이 나오기도 한다. 진실이 무엇이건 간에 둘은 강렬

한 사랑에 빠지고 목숨을 건 모험을 한다.

그런데 이렇게 아름다운 사랑 이야기를 비극으로 끝낼 수밖에 없게 만드는 위험한 요소가 있다. 원수 가문의 아들과 딸이라는 사실 외에 두 연인이 너무나 어리기 때문에 벌어질 예정된 비극이 존재하는 것이다. 그들은 자신들이 벌어놓은 상황을 통제하지 못한다. 두 사람의 나이를 생각해보면 아무리 아름답게 포장하더라도 이는 철없는 아이들의 만남인 것이다. 그렇다면 셰익스피어가 이런 어린 연인들을 자신의 작품에 출연시킨이유는 무엇일까?

셰익스피어는 이른 나이인 10대에 앤 해서웨이(Anne Hath-away)와 결혼했고, 이후 결혼 생활이 순탄치 않았던 것으로 알려져 있다. 때문에 그는 어린 연인이 결혼하는 것에 대해 반대입장을 보인 것 같다는 의견이 있다. 하지만 그렇게 본다면 파리스의 경우가 설명되지 않는다. 극 중에서 파리스는 줄리엣에게 오랜 시간 구애해 왔다. 그래서 줄리엣의 나이가 좀 더 차면그때 청혼하라는 캐퓰렛의 말에 수긍하고 기다려왔다. 그렇다면 결과적으로 줄리엣이 어리긴 하지만 부모의 허락이 있어 파리스와의 결혼은 허용되는 것이다. 때문에 일각에서는 셰익스피어가 연상의 여인과 결혼한 것을 후회했다는 정황 증거로 이부분을 설명하려 한다. 그러나 이 작품을 셰익스피어의 결혼관에 맞추어서만 해석한다면 너무나 심한 비약이 될 수 있다. 다른 작품들이라고 해서 그의 결혼생활로부터 영향을 받지 않았으리라는 법이 없기 때문이다. 현재로서는 셰익스피어가 당시 청소년들의 이른 이성교제에 대해 반대를 표현하기 위해 이런 어린 연인을 작품에 등장시켰다는 의견이 지배적이다. 이 부분에 대한 명쾌한 답을 얻기 위해서는 셰익스피어 시대의 청소년 문제, 교육 문제 등에 초점을 맞춘 객관적인 자료가 수집되어야 할 것이다.

로미오가 바람둥이임에도 불구하고 매력적으로 비춰지는 것은 그의 사랑을 믿고 따라주는 줄리엣이 있기 때문이다. 만일 줄리엣이 로미오와의 사랑에 소극적으로 대처했다면 로미오의 매력은 반으로 줄었을 것이다. 로미오는 줄리엣을 열렬히 사랑하지만, 그녀의 사촌을 죽이는 범죄를 저지른다. 이는 한 작품의 남성 주인공이 저지르기에는 너무나 큰 과오다. 제 아무리 티발트가 머큐쇼를 죽였다고 하여도 그것으로 로미오의 살인이 정당화 될 수는 없다. 하지만 줄리엣은 이에 아랑곳하지 않고 로미오를 받아준다. 줄리엣의 이런 태도 때문에 로미오의 범죄에 대한 관객의 거부감이 희석된다. 즉, 로미오는 혼자 있을 때는 흔한 한량에 지나지 않는 캐릭터로 남을 가능성이 높다. 하지만 줄리엣이 옆에 있기 때문에 비로소 그 매력을 발휘할 수 있었던 것이다. 어쩌면 어린 두 연인은 서로가 운명을 함께 할 상대라는 것, 둘이 함께 하나의 결말을 맞을 것을 잘 알고 있었기에 더욱 깊이 빠져들었는지도 모른다. 그래서 비극적인 결말을 맞았음에도 이 두 사람의 사랑이 더욱 아름답게 느껴지는 것이다.

셰익스피어의 이해를 돕는 상식들

테아트럼 문디

　테아트럼 문디(theatrum mundi)란 인생은 연극이며 인간이 살고 있는 세상을 연극적 무대라고 생각하는 사상이다. 즉, 인간들이 살고 있는 세상이라는 무대 바깥에 그보다 더 큰 차원의 세상이 있다는 개념이다. 셰익스피어가 극중극 형식을 자주 이용하는 것은 그가 테아트럼 문디 사상을 갖고 있다는 증거이기도 하다. 셰익스피어의 작품 『뜻대로 하세요』의 자크(Jaques)는 2막 7장 140행에서 "온 세상이 다 무대이고, 모든 남녀는 그 무대 위의 배우일 뿐이야(All the world's a stage and all the men and women merely players)"라고 직접 언급하기도 한다. 또 햄릿은 『햄릿』이라는 연극의 캐릭터이면서도 극중극의 연출 및 관객의 위치에 서기도 하고, 광인을 연기하기도 하는 흥미로운 인물이다. 때문에 햄릿의 'To be or not to be'라는 대사의 번역에 대한 논란이 지속되는 것도 테아트럼 문디 사상의 연결선 상에 있다고 볼 수 있다.

영향을 끼친 인물들

크리스토퍼 말로우(Christopher Marlowe)

크리스토퍼 말로우는 셰익스피어와 동시대를 지낸 대표적인 작가다. 그는 1564년 출생해 1593년 사망했다. 그는 캔터베리(Canterbury)에서 태어나 킹스 스쿨(King's School)를 거쳐 캠브리지의 코퍼스 크리스티 칼리지(Corpus Christi College)를 다녔는데 학사학위를 받은 후 국가의 기밀요원으로 활동하고, 1587년 석사학위를 받았다. 또 그는 탁월한 극 구성능력으로 타의 추종을 불허했던 천재다.

극시(dramatic poetry)라는 유형을 완성한 작가인 말로우는 『파우스트 박사(Doctor Faustus)』에서도 약강오보격(iambic pentameter)으로 대사를 썼다. 그는 자유분방한 인성을 갖고 있었는데, 1593년 5월 술집에서 싸우다 칼에 찔려 사망한다. 하지만 그의 사망에 대해서는 여전히 논란이 많아서 그가 당시 살아 있었다는 설도 있다. 술집에서의 싸움 당시 국가 모독죄로 체포당할 상황이었다는 점도 이런 주장에 힘을 실었다. 일각에서는 잘생긴 것으로 알려진 그가 싸움 도중 화상을 입어 숨어 지낸 것이라는 추측이 난무하기도 했다. 셰익스피어를 대신해 작품을 쓰면서 숨어 지냈다고 주장하는 학자들도 있다. 요절하기에는 너무나 아까운 인물이었기에 그를 둘러싼 논란은 여전히 회자되고 있다.

그의 작품으로는 1587년 발표한 것으로 추정되는 『탬벌린(Tamburlaine)』, 1588년 발표한 것으로 추정되는 『파우스트 박사(Doctor Faustus)』 『몰타의 유대인(The Jew of Malta)』, 1592년 발표한 것으로 추정되는 『파리 대학살(The Massacreat Paris)』 『에드워드 2세(Edward II)』가 있다.

리처드 버비지(Richard Burbage)

리처드 버비지는 챔벌린 극단(The Lord Chamberlain's Men)의 간판 배우였다. 그는 1567년에 태어나 1619년 사망했는데 당대 최고 배우였을 뿐 아니라 셰익스피어와 각별한 인연이 있는 것으로도 유명하다. 셰익스피어의 기록에서 찾을 수 없는 정보를 버비지와 관련된 기록에서 많이 찾을 수 있었다. 그는 워낙 인기 있는 배우여서 그가 출연한 작품을 본 팬들이 일기를 썼고, 그 일기가 중요한 연극사적 가치를 지니게 되었다. 특히 버비지가 사망한 후 발견된, 아마도 그의 팬이 썼을 것으로 추정되는 한 기록에서는 '(오필리어의) 무덤으로 뛰어드는 장면'에 대한 향수 어린 묘사가 있었다. 이로 인해 학자들 사이에서는 '(햄릿역의 배우가) 글로브 극장의 마당(yard)으로 뛰어내린 것이다' '무대에 또 다른 비밀장소가 있었을 것이다'라는 학설까지 내놓기도 했다. 그의 팬들에 의한 기록을 통해 당시의 무대장치와 구조를 추측할 수 있던 것이다.

여성의 역할을 한 소년 배우들

연극이 상당 수준 발전하였음에도 불구하고 엘리자베스 시대의 여자들은 무대에 오를 수 없었다. 당시의 이런 시대 상황은 존 매든(John Madden) 감독의 영화 〈셰익스피어 인 러브(Shakespeare in Love, 1998)〉에도 상세히 묘사되고 있다. 이 시대에 여성 연기자가 없었다는 것에 대해 학자들 사이에서도 의견이 분분하다. 비슷한 시기 이탈리아의 경우, 콤메디아 델라르테(Commedia Dell'arte) 극단에 여성 배우들이 존재했기 때문이다.

여성 배우가 없었으므로 여성의 역할은 미소년 남자 배우들이 맡았다. 이 미소년들은 극단의 배우들로부터 훈련을 받아 전문배우 수준의 연기력을 선보였고, 좋은 대우를 받기도 했다. 하지만 사춘기가 다가와 수염이 나고 목소리가 변하고 키가 지나치게 크거나 몸이 불어나면 언제든 배역에서 물러나야 했다. 여성의 몸짓과 말투, 발성을 연기했던 이들이었기에 어른이 된 뒤 남성 전문배우가 되기는 쉽지 않았다. 따라서 여성 배역에서 물러나게 되면 극단의 잡역부로 전락하는 경우가 대부분이었다.

남성 배우들이 여성 역할을 맡는 것은 상당히 재미있는 결과를 초래한다. 예를 들어 『뜻대로 하세요』의 로잘린 역할은 극 중에서 남장을 하는데, 이 경우 실제로는 소년 배우가 여성 역할을 하다가 다시 남성 역할까지 해야 하는 것이다. 때문에 의도치 않게 관객들의 웃음을 유발하는 경우도 많았다. 하지만 현대로 오면서 페미니스트들에 의해 이런 연극적 관습은 '여성의 역할을 정형화시킨다'는 미명 하에 비판의 대상이 되었다.

유명극단

챔벌린 극단과 킹스멘 극단

챔벌린 극단의 창단 멤버는 리처드 버비지와 그의 형제 커스버트 버비지(Cuthbert Burbage), 그리고 셰익스피어와 윌리엄 켐프(William Kemp) 등이 있다. 이 극단은 초기에 '로즈(Rose) 극장'에서 공연했으나 곧 제임스 버비지(James Burbage, 리처드 버비지의 아버지)가 소유하고 있는 '더 씨어터(The Theatre)'로 옮긴다. 이 극단은 명성이 높아 왕족이나 상류 특권층을 위한 공연을 하기도 했다. 하지만 지나친 정치 풍자로 인해 1597년부터 연극의 공연이 자유롭지 못하게 되자, 챔벌린 극단은 지방으로 순회공연을 다녔다. 그리고 1599년 극단의 일부 단원들이 그 유명한 '글로브(The Globe) 극장'을 세운다. 이 극장은 완공과 거의 동시에 런던 최고의 극장으로 떠오른다. 셰익스피어를 비롯한 최고 극작가들의 작품이 여기서 공연되었다. 1603년 제임스 1세가 즉위하면서 그의 후원을 받게 된 챔벌린 극단은 극단의 이름을

'킹스멘 극단(King's Men, 국왕 극단)'으로 바꾼다. 1608~1609년경
부터는 '블랙 프라이어즈(Black friars)극장'에서 공연하기 시작했
고, 여름철에는 다시 글로브 극장에서 공연했다. 1613년 글로
브 극장이 화제로 전소됐으나 복구되었다.

애드머럴 극단

챔벌린 극단 외에 다른 극단을 꼽는다면 애드머럴 극단(The
Admiral's Men, 제독의 극단)이 있다. 필립 헨슬로우(Philp Henslowe)
와 에드워드 알린(Edward Alleyn)이 이끈 이 극단은 1594년에서
1600년까지는 로즈 극장을, 그 이후에는 포춘(Fortune) 극장을
사용했다. 특히 챔벌린 극단에 리처드 버비지가 있다면 애드머
럴 극단에는 에드워드 알린이 있다고 할 정도로 알린의 연기는
뛰어났다. 버비지와 알린은 한 시대를 이끈 대표적인 배우들이
었고, 서로 좋은 경쟁 상대였다.

유명극장

셰익스피어 시대에 유명한 극장 몇 개를 꼽자면 로즈 극장
과 스완(Swan) 극장, 포춘 극장, 글로브 극장, 블랙 프라이어스
극장 등이 있다. 극단들은 극장을 임대해 공연하는 것이 관례
였다. 셰익스피어가 작품을 올린 글로브 극장은 1613년 6월
29일 『헨리 8세(Henry VIII)』 공연 중 쏜 예포의 불꽃이 지붕으
로 옮겨 붙으면서 전소되었다. 현재 우리가 알고 있는 글로브

극장은 재건된 것이다. 글로브 극장은 1,600명을 수용할 수 있는 대형 극장이지만 무대와 객석의 거리가 가까워 공연을 감상하는 데 방해가 되지 않는다. 또 무대에는 천장이 있는데 천장 부분에 있는 공간을 '헤븐(heaven)'이라 부른다. 주로 이 공간에서 요정이나 천사들이 출몰한다. 또한 천장 부분은 사람의 구강 구조로 치면 입천장의 역할을 하여 배우들의 발성을 좀 더 효과적으로 객석에 전달한다. 반면 무대의 바닥에 숨겨진 공간은 '헬(hell)'이라고 부른다. 이곳 역시 등장인물의 퇴장 통로로 이용된다.

이 시대의 극장은 객석에 따라 등급이 나누어졌다. 글로브 극장의 경우 가장 저렴한 입석 관객은 그라운들링(groundling)이라고 불렀는데, 오늘날 콘서트장의 스탠딩석을 떠올리면 쉽게 연상 가능하다. 입석은 무대에 가장 가까웠지만 서서 봐야했고, 비가 내려도 지붕이 없어 그대로 비를 맞아야 했다. 하지만 배우들을 바로 앞에서 볼 수 있다는 장점도 있었다.

셰익스피어는 배경(scenery)을 중요시하지는 않았으나 장소 전환(change of place)은 중요하게 여겼다. 때문에 메인 스테이지(main stage)와 디스커버리 스페이스, 그리고 어퍼 스테이지(upper stage)의 고른 이용을 추구했다. 상대적으로 비어 있는 공간들은 병사들이나 유령이 출몰하는 장소로 주로 이용했다. 조명시설이 따로 없던 시기에 야외극장에서 공연하기 위해서는 대본의 분량을 적절히 수정해야만 했다. 조명을 따로 조종할 수 없으니 빛이 있는 동안만 공연을 할 수 있었던 것이다. 블랙 프라이어스 극장은 원래 도미니크 수도회가 사용하던 영유지로, 이 극장은 실내 극장이었기 때문에 극단들은 날씨에 구애받지 않고 공연을 올릴 수 있었다.

미래의 셰익스피어

셰익스피어의 작품들은 현재까지도 읽히고 공연된다. 헐리웃에서 리메이크 되는 셰익스피어의 작품들은 작품성과 흥행성을 떠나 늘 화제에 오른다. 게다가 그의 작품들은 영화 외에도 발레나 오페라, 뮤지컬로도 리메이크되고 있다. 다른 문학작품에 끼친 영향에 대해서는 말할 것도 없다. 셰익스피어는 인류에게 풍부한 문화유산을 남겨준 것이다.

셰익스피어가 최고의 문호로 꼽히는 것은 그의 작품이 시공을 초월하는 현실적인 인간 군상과 그들을 둘러싼 사건들을 제시하기 때문이다. 한 경제학자가 "와튼스쿨 재학 당시 배운 경제학 관련 강의보다 학부 시절 수강한 셰익스피어 강의가 나에게 더 많은 영향을 끼쳤다"고 한 것처럼 셰익스피어를 읽는다는 것은 거의 모든 계층의 인간 군상을 연구하는 것과 다를 바 없다. 셰익스피어의 작품 속에서 한 계층이나 한 인물만을 변호하는 내용은 찾아보기 힘들다. 드러내놓고 어느 한 인물을 변호하는 듯 보이지만 자세히 읽어보면 그 인물을 비꼬고 있는 경우도 있다. 또 그의 표현력은 어떠한가? 운문과 산문, 말장난, 심오한 글귀가 혼재되어 있는 그의 언어는 영어의 발전에도 많은 영향을 끼쳤다. 하지만 언제부턴가 셰익스피어의 존재에 대한 진위 여부가 화제에 오르기 시작했다. '셰익스피어는 존재하지 않았다' '존재했지만 작품은 다른 사람이 썼다' 등의 소문이 꼬리를 물고 이어진 것이다. 사실 이러한 논란은 오랜 시간 이어져 왔다. 셰익스피어는 '삶은 곧 연극'이라는 의미의 '테아트럼 문디' 사상을 줄곧 추정해 왔다. 이러한 그의 생각 때문인지 셰익스피어라는 인물 자체가 실제 인물이 아닌 것처럼 여겨지기 시작한 것이다.

'셰익스피어의 작품을 대신 쓴 인물' 또는 셰익스피어라는 인물 뒤에 숨어 있던 '진짜 작가'로 추정되는 인물은 수십 명에 달한다. 하지만 유력하게 언급되는 인물들을 살펴보면 서너 명가량으로 범위를 좁힐 수 있다. 첫 번째로 크리스토퍼 말로우가 꼽힌다. 앞에서 언급한 것처럼 그는 술집에서 싸움 도중 사망했다. 그런데 사실은 그가 사망하지 않았고 계속 창작을 했으며 모습을 드러낼 경우 체포당할까봐 염려했다는 것, 또는 화상이나 사고로 인해 잘 생겼던 외모가 추하게 변했을 것이라는 추측이 끊임없이 되풀이 되고 있다. 크리스토퍼 말로우가

진짜 셰익스피어였다는 의견을 지지하는 학자들은 그의 작품과 셰익스피어의 작품 속에서 유사점을 찾기에 열심인데, 사실 말로우가 셰익스피어에게 영향을 준 부분도 있기 때문에 극작품 속에서 유사점은 존재할 수밖에 없다. 그러나 말로우는 상당히 자유로운 영혼으로 알려져 있었던 만큼 본인이 원했다면 타지에서 작품 활동을 계속할 수도 있었다. 굳이 누군가의 뒤에 숨어 지낼 인물이 아닌 것이다. 그의 천재성의 소실을 아쉬워하는 바람이 이런 의구심을 낳았을 가능성이 높다. 몇 년 전 말로우를 뱀파이어로 등장시킨 소설까지 나왔음을 감안해 볼 때, 말로우는 그의 작품만큼이나 매력적이고 미스터리한 인물임에 틀림없다.

두 번째로 일부 학자들은 프란시스 베이컨(Francis Bacon)이 실제 셰익스피어였을 것이라 주장한다. 그가 유력한 인물로 꼽힌 것은 당대 최고의 지식인 가운데 한 명이었기 때문이다. 그가 요직에 앉았을 무렵, 셰익스피어 역시 작품 활동을 접었다는 사실도 주장에 힘을 싣는다. 그러나 베이컨이 아무리 유력한 인물이라고 해도 진실을 확인할 길은 없다.

세 번째로 옥스퍼드 백작인 에드워드 드 비어(Edward de Vere)가 꼽힌다. 그가 셰익스피어로 추정되는 데는 옥스퍼드 가문의 문장에 있는 창이 증거로 꼽힌다. 이는 셰익스피어(Shakespeare)라는 이름 자체가 '흔들다(shake)'와 '창(spear)'의 조합으로 보인다고 해서 생겨난 주장이다. 이렇게 세 명이 가장 유력한 후보자들이었는데 최근 또 다른 인물이 등장했다. 가장 최근에 드러난 추정 인물은 바로 메리 시드니(Mary Sidney)[16]라는 여성이다. 메리 시드니는 엘리자베스 1세 시대에 여왕 다음으로 높은 수준의 교육을 받은 인물로 꼽힌다. 그녀는 대문호들을 초빙해 토론을 즐겼다. 또 셰익스피어가 소네트 등에서 남성에게 바치는 듯한 시를 쓴 것 역시 글쓴이가 여성이라면 명쾌하게 설명될 수 있다는 점이 추정 이유로 꼽혔다. 하지만 이 역시 추측일 뿐이다.

셰익스피어에 대한 의문이 시작된 가장 큰 이유는 셰익스피어가 다작(多作)을 했기 때문이다. 작품 대부분이 웬만한 작가들은 따를 수 없을 정도의 완성도 높은 작품들인데다 그 안에 철학과 유머, 감동까지 녹여낸다. 그런데 이 모든 작품을 쓴 작가가 겨우 문법학교를 나왔을 뿐이라니, 셰익스피어의 존재에 대한 의문을 제기하고 그의 창작 능력을 의심하고 싶은 욕구가 생겨날 수밖에 없을 것이다. 로버트 그린(Robert Greene)[17]의 경우 셰익스피어의 낮은 학력을 두고 비꼰 일도 있었다. 하지만 셰익스피어 시대의 모든 작가들이 높은 수준의 교육을 받은 것은 아니다. 이 시기에는 문학적 지식을 충분히 공급받을 수 있었기에 얼마든지 문학적 소양을 높일 수 있었다.

셰익스피어의 극을 유심히 읽어보면 그의 극에 일정한 포맷이 있음을 알 수 있다. 또 셰익스피어의 극이 오로지 셰익스피어의 창작성에서 비롯된 것이 아님도 알 수 있다. 예를 들어 셰익스피어의 4대 비극 중 하나인 『맥베스』는 스코틀랜드에서 실제로 있었던 인물을 주인공으로 했으며『로미오와 줄리엣』역시 이탈리아의 한 지방에서 떠돌던 이야기를 차용한 것이다. 셰익스피어 시대에는 저작권에 대한 법률이 명확하지 않았기에 이러한 차용은 불법이 아니었다. 그의 대작인『햄릿』마저도 토머스 키드(Thomas Kyd)의 작품을 각색해 쓴 것으로 추정되기도 한다. 때문에 거꾸로 생각해보면 셰익스피어의 작품 역시 누군가에 의해 도용될 위험이 있었다. 셰익스피어는 다양한 이야기들을 다듬어 완성도 있는 작품으로 재생산하였고, 그 덕에 현재까지 이용될 수 있는 수많은 값진 작품들이 탄생한 것이다. 셰익스피어의 작품들이 '남이 써놓은 것이나 흩어져 있던 소재들을 베끼고 편집한 것들'이라는 최악의 평가를 받는 것은 아이러니컬하게도 '셰익스피어라는 한 사람이 이렇게 많은 작품을 썼을 리 없다. 다른 누군가의 작품일 것이다'라는 주장을 뒤집는 증거가 된다. 그에 대한 최악의 평가가 반대로 그의 창작물과 존재에 대한 정당성을 증명하는 것이다. 셰익스피어에 대한 이러한 논란은 앞으로도 계속될 것이다. 이는 셰익스피어에 대한 명확한 서류상의 기록이 턱없이 부족하기 때문이기도 하다.

우리가 셰익스피어라는 인물을 생각할 때면『로미오와 줄리엣』『햄릿』『맥베스』같은 작품 몇 개, 그리고 머리가 반쯤 벗겨진 남성의 초상화를 떠올리게 된다. 그런데 2009년경 공개된 셰익스피어의 초상화(물론 셰익스피어라고 '추측되는' 인물이 그려진 초상화다.)에는 머리숱이 많고 잘생긴 남자가 그려져 있다. 이런 사건들 때문에 셰익스피어의 존재는 더욱 더 미스터리처럼 여겨질 수 있다. 하지만 셰익스피어라는 인물이 존재했다는 기록이 분명히 있는 만큼 언젠가는 논란에 종지부를 찍을 만한 발견이 나올 가능성도 충분히 있다. 그때까지 셰익스피어의 존재 여부에 대한 의심은 잠시 접고, 대신 그의 작품에 관심을 기울여야 할 것이다.

수백 년간 셰익스피어의 작품이 사랑을 받아 온 이유는 시대를 관통하는 보편적인 정서를 담고 있기 때문이다. 그것은 인간이라면 누구나 경험하게 되는 사랑과 증오, 위선, 진실, 즐거움, 슬픔과 같은 다양한 감정이다. 셰익스피어는 이런 인간의 본성을 뛰어난 솜씨로 작품화했고, 덕분에 그의 손에서 탄생한 캐릭터들은 지금도 우리들 사이에서 살아 숨 쉬고 있다.

참고문헌

Alexander, Peter. ed. William Shakespeare: The Complete Works, Collis Clear-Type Press, 1964.

Bartels, Emily C., "Shakespeare's view of the world", Shakespeare: An Oxford Guide, Stanley Wells & Lena Cowen Orlin ed., Oxford UP, 2003.

Vaughan, Virginia Mason, Othello: A Contextual history, Cambridge UP, 1994.

William Shakespeare, Braunmuller, A. R. ed., The Merchant of Venice: The Pelican Shakespeare, Penguin Books, 2000.

_____, Brooke, Nicholas. ed., Macbeth. Oxford UP, 2008.

_____ Brooks, Harold F. ed., A Midsummer Night's Dream (Arden Shakespeare), Routledge, 1993.

_____, Gibbons, Brian. ed., Romeo and Juliet (The Arden Shakespeare), Methuen, 1980.

_____, Hunter, G. K. ed., King Lear, Four Tragedies, Penguin Books, 1994.

_____, Greenblatt, Stephen & Walter Cohen & Jean E Howard & Katharine Eisaman Maus ed., "Winter's Tale", The Norton Shakespeare based on Oxford Edition, Norton. 1997.

_____, Muir, Kenneth. ed., "Othello", Four Tragedies, Penguin Books, 1994.

_____, Orgel, Stephen. ed., The Tempest, Oxford UP, 2008.

_____, Thompson, Anne & Neil Taylor. ed., Hamlet (Arden Shakespeare), Cengage Learning, 2006.

1) 엘리자베스 시대 연극 무대의 특징으로, 예상치 못한 장면을 연출하거나 감추어져 있던 놀라운 것들(사람이나 시체 등)을 '드러내 보여주는' 공간으로 이용되었다.

2) 극단의 이름은 옮긴이에 따라 다르게 옮겨지는데 Lord Chamberlin's Men의 경우에는 챔벌린 극단, 챔벌린 경 극단, 챔벌린 경의 극단으로, King's Men의 경우에는 킹스멘 극단, 킹스멘, 국왕 극단, 왕실 극단, 왕의 하인들 등으로 옮겨진다. 본서에서는 가장 많이 사용되는 '챔벌린 극단'과 '킹스멘 극단'이라고 부른다.

3) 신고전주의자들이 주장한 삼일치 법칙은 시간, 장소, 행동의 일치를 말한다. 시간의 일치란, 한 작품 내에서 일어나는 일이 24시간을 초과해서는 안 된다는 규칙으로 관객에게 연극의 내용을 진실에 가까운 것으로 받아들이게끔 하는 방법 중 하나였다. 급진적 신고전주의자들의 경우 연극 무대 위에 오르는 작품 속 시간이 실제 시간과 일치해야 한다고 주장하기도 했다. 공간의 일치란, 연극이 펼쳐지는 장소가 한 장소여야 한다는 법칙이다. 행동의 일치란, 하나의 이야기만 진행되어야 한다는 것으로 셰익스피어의 여러 작품에서 펼쳐지는 '다양한 인물들이 꾸미는 여러 개의 이야기 진행'은 금지되는 것이다. 즉, 행동의 일치란 한 작품 내에 단일한 하나의 플롯만이 진행되어야 한다는 의미다.

4) 이 장면은 디벨티스망(Divertissement)의 용도로 연출될 수도 있다.

5) 여기에 기록한 행수는 캐쓸린 아이레이스(Kathleen O. Irace)에 의해 집계된 결과를 따른 것이다.

6) 니콜라스 브룩(Nicholas Brooke)이 서장(introduction)을 쓴 2008년 판 옥스퍼드 대학교 출판사 판 『맥베스』에 공연 기록이 상세히 기술되어 있다.

7) 무대장치가 부재하거나 모자라는 상황에서 해설자나 등장인물이 무대 위에서 직접 대사로 배경이나 상황을 설명하는 것을 의미한다.

8) 셰익스피어는 사건의 발단을 위해, 갈등을 조장하기 위해, 또는 해결을 위해 주인공들에게 공간의 이동을 제공한다. 그 예로 『템페스

트』나 『한여름 밤의 꿈』 등이 있다. 셰익스피어의 이러한 기법은 후배 극작가들에게도 전해져 테렌스 맥널리의 『입술은 붙이고, 이는 떼고(Lips Together, Teeth Apart)』와 같은 작품에서도 사용되곤 했다.

9) 연극, 오페라, 발레 등의 공연에서 중간에 막간극으로 삽입되는 짧막한 발레 등의 공연을 의미한다.

10) 아름다운 노래가 가장 중요한 요소로 꼽히는 오페라로 스토리 라인이나 극적인 구조보다 음악에 중요성을 두고 있는 오페라다. 때문에 가수들의 역량이 가장 중요한 요건이 된다.

11) 이안 플레밍은 존 디에게서 영감을 얻은 뒤, 패트릭 댈즐-좁(Patrick Dalzel-Job), 피터 스미더스(Peter Smithers), 윌리엄 스테픈슨(William Stephenson) 등의 군인 및 첩보원의 이미지를 참고해 제임스 본드라는 캐릭터를 완성한 것으로 알려져 있다.

12) 윌리엄 스트레이치의 실제 경험담을 토대로 쓰인 작품이다. 스트레이치는 '씨 벤처(Sea Venture)' 호를 타고 탐험하던 중 버뮤다 삼각지대에서 난파당했고, 후에 이 작품을 남긴다. 하지만 '스트레이치의 글이 1610년경 쓰였으며 출판은 1625년에 되었으므로 실제로 셰익스피어가 스트레이치의 글을 참고했는지에 대해서는 의문을 제기해야 한다'고 주장하는 학설도 있다.

13) 에밀리 바텔스(Emily Bartels)는 아티클(article) '셰익스피어의 세계관(Shakespeare's View of the World)'에서 셰익스피어의 작품 속에 드러난 유태인과 무어인의 이미지를 재조명한다.

14) 14행이 1연으로 이루어져 있는 정형시의 일종이다.

15) 라틴어로 '기계장치의 신'이라는 의미로 고대 그리스극에서 사용되었다. 현재는 복잡하게 얽힌 사건을 신적인 존재가 나타나 실타래를 풀듯 한 번에 정리하는 상황을 설명할 때 쓰인다.

16) 이 주장은 미국 여류 작가 로빈 윌리엄스(Robin Williams)에 의해 제기된 것이다. 윌리엄스는 주로 컴퓨터 관련 서적을 쓰는 것으로 알려져 있다.

17) 영국의 극작가(1558~1592). 로버트 그린 역시 말로우나 릴리의 작품에 영향을 받은 저작을 한 일이 있다. 그린은 대학재인파(University Wits)의 일원이었기에 셰익스피어의 낮은 교육 수준을 비꼬고자 더욱 비난한 것으로 추측된다.

셰익스피어 그리고 인간

펴낸날   초판 1쇄   2012년 12월 12일

지은이   **김도윤**
펴낸이   **심만수**
펴낸곳   **㈜살림출판사**
출판등록 1989년 11월 1일 제9-210호

경기도 파주시 문발동 522-1
전화 031)955-1350   팩스 031)955-1355
기획·편집 031)955-4662
http://www.sallimbooks.com
book@sallimbooks.com

ISBN   978-89-522-2225-1   04080

책임편집 **최진**